美元｜公債｜美國

教會我投資的事

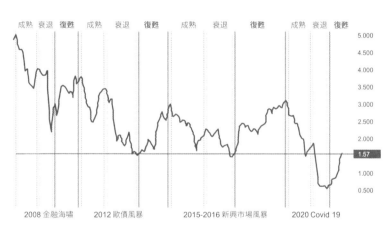

| 成熟 | 衰退 | 復甦 | 成熟 | 衰退 | 復甦 | 成熟 | 衰退 | 復甦 | 成熟 | 衰退 | 復甦 |

5.000
4.500
4.000
3.500
3.000
2.500
2.000
1.57
1.000
0.500

2008 金融海嘯　　　2012 歐債風暴　　　2015-2016 新興市場風暴　　　2020 Covid 19

2個指標主宰全球景氣循環，抓住超前佈署關鍵！

搭上最強資金潮流，國際認證理財顧問賺30倍的理財分享！

投資的無知或是一知半解,會付出慘痛的代價。台灣過去的教育制度中,從來沒有一門專門的理財課程,教導大家做正確的理財,因此大多數一般民眾能接觸到的理財教育,就是街坊鄰居、電視媒體、報章雜誌上面經過特定目的包裝的訊息,而很少有正確專門的知識來說明這一件事情。

一如我們在《台灣股市何種選股模型行得通》一書中不斷強調的概念,正確的投資與規劃很難一瞬間爆富,但是可以慢慢致富,一年 6%～8%複利增值,而非目前市場主流追求的天天漲停板。

慢慢致富,買入 ETF 長期持有是一種方式,透過選股模型(如美股研究室)也是一種方式,本書是透過殖利率循環與美元強弱決定資產配置與抓住景氣循環,做出有效率的投資,在市場崩盤的時候可以不受重傷,在市場上漲的時候可以跟上市場上漲的幅度,期待完成降低風險與提高報酬的方法,而這樣的操作方法不太需要盯盤與短線交易,只需要買入之後等待下一個階段的到來,是長期持有少量轉換的方式,很適合沒時間管理投資組合的一般投資人。

傳統的資產配置都預期一年報酬率會有 7%,但是這一條路在未來、在投資上會遇到什麼事情?而無論是台股或是美股,一年的標準差都在 15%～20%附近,因此在這條投資路上,有 16%的機率遇到當年度報酬率是-23%以上的狀況,而多數人認為一年投資報酬率 7%是只會上漲不會下跌的情況,造成在執行面與認知上的落差。一般投資人根本無法接受這樣高的波動(甚至無法接受負報酬),因此造成在股市低點的時候,因為恐慌而砍倉,從此不做任何投資與理財,認為股票都是騙人的,這是很可惜的。

透過本書的殖利率循環的配置方式,能在遇到市場崩跌的時候有效的降低整體資產的跌幅,比單純的資產配置更為有效率,遇到市場崩盤時的總下跌幅度比較少,但是長期報酬率並不低於大盤,這是一個比較好的方法。

筆者透過這十多年自己的投資經驗與協助超高淨值客戶的經驗，發展出這一套不同以往的投資理論與資產配置原則，在 2015 年新興市場風暴時，我們能維持正報酬，2020 年 3 月時，整個投資組合下跌幅度最高大約 10%，同一時間我們在 2020 年 3 月賣出所有美國公債之後，把所有的資金在 2020 年 4 月買入股票，直到今天為止，仍是 100%持股，完全的接受這一波股市的反彈，並且避開了 2020 年 3 月的高度波動時期，做了一個華麗的轉身。曾有一位市場老手說，他從來沒有想過美國長天期公債，可以在市場崩盤的時候向上大漲 30%，這一次算是他第一次看到公債的威力，並且還能買在 2019 年的低點，真是想不到。

　　而筆者透過這個方法，從百萬元開始，目前也是百萬元的規模，只是從原本的幣別是台幣變成美元，而這個方法不難，困難的是在這一段路途中的探索與開創，甚至是懷疑自己與面對客戶的挑戰，所幸這套方法確實的讓通過了兩次的市場下跌，很多筆者服務的投資人在 2020 年 3 月的時候，因為美國長天期公債大賺一筆，並且在 2020 年 3 月之後，配置多數股票型 ETF，讓資產順著市場的上漲復甦，也跟著水漲船高。

　　本書是作者經過十多年的市場經驗，搭配上理論與實務的結合，讓投資人可以在書中認識殖利率循環，認識各項投資標的在殖利率循環中的表現，從過去的經驗中汲取智慧，讓我們的投資更好、更順利，最後大家都能達成財富自由的目標。

CONTENTS
目錄

第一部分

認識全球最重要的
兩大定價基礎：
美國十年期公債殖利率

CHAPTER
第一章
標定景氣循環的指標：美國十年期公債殖利率

1.1 為什麼無風險利率會影響金融商品的價格？

如果只能選擇一種指標當作投資輔助的工具，那麼我會選擇美國十年期公債殖利率；如果能選擇兩種指標，第二個指標我會選擇美元指數。

為什麼選擇這兩個指標？因為這兩個指標是市場上所有金融資產定價模型的基礎指標，定價模型是所有法人機構對一個金融市場標的做出價值衡量的基礎，法人機構透過定價模型，可以計算出這一個標的價格是否合理、波動如何、風險是否合理，進而對這標的物給出目標價格的區間，然後影響法人機構的決策者是否買進或是賣出或是按兵不動的衡量依據，就如同磅秤，替物品量測重量，美國十年期公債殖利率與美元指數是量測標的是否有價值的基本工具。

我們就以筆者常使用的一個衡量指標夏普，來說明這一件事情。

夏普值（Sharpe Ratio）：別名風險報酬比，意思是說相同風險之下，投資人可以獲得的報酬率的高與低。夏普數值越高，表示這個標的的價值越高；價值越高，越有機會獲得投資人的青睞，進而買進這個標的。

反之，如果這個標的的夏普值很低，那就代表這個標的價值很低，投資人可能不會買入這個標的。

夏普值計算公式：

夏普值＝（標的物報酬率－無風險利率）/ 標準差

標準差：過去一段時間報酬率上下變動越大，標準差就越大

無風險利率：通常用當地的官方利率：市場上大多數是使用美國十年期公債殖利率作為標準。

　　以下為範例：

　　假設 0050 報酬率＝10%，標準差＝10%

　　0056 報酬率＝6%，標準差＝5%

　　無風險利率＝0%

　　計算出來 0050 夏普值為 1，0056 夏普值為 1.2

　　那麼我們就會說 0050 波動比較大，而 0056 比較穩健，獲得的夏普值較高，穩健型的投資人就會比較喜歡投資 0056，較為積極的投資人可能會因為 0050 的報酬率較高，而去投資 0050。

　　但是夏普值的計算基礎是無風險利率，當無風險利率很高的時候，會讓標的物變成沒有價值，進而造成價格回落。

　　以下為範例：

　　假設 0050 報酬率＝10%，標準差＝10%

　　假設 0056 報酬率＝6%，標準差＝5%

　　假設無風險利率＝5%

　　計算出來 0050 夏普值為 0.5，0056 夏普值為 0.2

　　那麼我們就會說 0050 的夏普值只有 0.5，不高，但是 0056 更低，冒了風險但是卻沒有帶來好的超額報酬，這時候投資人就會考慮把資金拿去定存或是買公債，而不去投資，造成資產價格的滑落。

透過上面的例子，我們就可以知道美國十年期公債殖利率的影響力，它能夠影響一個資產價格的變動，而筆者寫書此文的當下，市場的新聞就充斥著這樣的消息：

2021 年 3 月 19 日　經濟日報綜合外電
美股三大指數齊跌，因公債殖利率又升

美國股市週四收跌，科技股和高成長股再次受到公債殖利率攀升的影響，其中那斯達克綜合指數重挫 3%，同時，能源類股隨油價重挫而大跌。

FBB Capital Partners 研究董事 Mike Bailey 說：「10 年期公債殖利率令人不安地大漲，提醒投資人他們的科技股價位遠超平均水準，眼下正是這種模式。」

大型科技公司是面臨最大壓力的股票之一。蘋果公司、亞馬遜和 Netflix 都下跌至少 3%。電動汽車製造商特斯拉跌幅更大，跌幅達 6.9%。科技股和其他成長型股票對公債殖利率上升尤其敏感，因為他們的價位很大程度取決於未來的收益，而當債券殖利率上升時，這些收益的折價幅度會更大。

新聞中特別強調的重點：美國十年期公債殖利率的變動影響著市場股票的價格變動，並且科技股與成長股更敏感。

所以筆者寫這本書的目的，就是要讓大家能夠理解金融市場運作的原理，當我們理解原理與模型，我們就能夠對金融市場的變化有足夠的敏感度，進而提升我們的投資績效，並且在解讀各類型的資訊上（新聞、報章、電視媒體），有個正確的衡量方式與建立正確的投資哲學。

孟子：「離婁之明、公輸子之巧，不以規矩，不能成方圓。」有了正確的規與矩，我們才能正確的建立自己的投資模型。接著要詳談的就是以下兩個指標：

1. 美國十年期公債殖利率：這是公認的無風險利率。

2. 美元指數：這是所有貨幣價格的計算基礎，也是新興國家貨幣的信用基礎。

這兩個指標是市場上各種標的物：如股票、債券、房地產、原物料的定價基礎，只要理解這兩個最重要的指標，就能初步認識各項商品的價格運作。

1.2 全球無風險利率的衡量指標：美國十年期公債殖利率

什麼是無風險利率？在我們的生活中，無風險利率會很重要？對我們有什麼影響？

投資市場上通常公定的無風險利率是美國十年期公債殖利率，光說這個名詞，大家可能無感，甚至是非常陌生，因此筆者就舉大家比較熟悉的一年期定存利率來做一個分享。

下面三個案例：都跟我們的生活息息相關。

1.2.1 存股的範例：

我們都很清楚 2021 年台灣的一年期定存利率是 0.8%附近，但是在台灣定存利率從 3%降低到 0.8%這一個過程中，筆者發現有一個投資方式在市場上成為顯學，這個顯學叫做存股。

筆者就以大家公認的存股標的之一：中華電信作為例子。中華電信是台灣最大電信商，一年獲利以百億計，每年 EPS 平均落在 4～5 元之間，而中華電信這間公司對股東不錯，幾乎都把賺來的錢配發給股東，因此如果現在股價 100 元，平均配發股息 5 元，殖利率換算下來就是 5%。

這個時候台灣一年期的定存利率只有 0.8%，因此手上有現金的人就會思考一件事情：我把 100 萬台幣放銀行一年，可以獲取 8,000 元利息，但是如果我把 100 萬台幣拿去買中華電信的股票，一年可以獲取 5 萬元的現金股利，並且中華電信不會倒，長期獲利也穩健，股價也穩健，這時候定存族的心中就會產生很大的漣漪，因為存中華電信能拿到的利息是定存的 6 倍。

筆者身邊很多原本做定存的長輩與親朋好友，因為無風險利率實在是太低了，因此把定存解約，換成股票領股息了！

中華電信在很多人的追逐之下，價格緩步地墊高，從 100 元上升到 120 元，中華電信的股息殖利率也降低到了 4%，追根究底，讓中華電信股票上漲的原因就是無風險利率（定存利率低）。

但是如果把無風險利率的背景置換一下，現在的中華民國政府突然宣布，一年期定存利率將立刻調升到 5%，中華電信也是一間很好的公司，殖利率也同樣是 5%，這時候市場會怎麼反應？大家一定是賣出手上的中華電信股票，並且去定存，因為中華電信的股價再怎麼穩健，它股息也只跟定存一樣，但是定存是沒有風險的，拿到的機率是 100%。而中華電信的股息還要看未來中華電信的營運狀況，還要看外資臉色，還看投資人是否買單，才能維持穩健的股價，而定存就沒有這個問題。

這時候中華電信的股價必然受到大家的拋售造成股價下跌，很可能從 100 元下跌到 70 元，股息殖利率來到 8%，這時候才會有人考慮買入中華電信的股價存股，因為這時候定存利率是 5%

從上面的例子我們就可以知道，無風險利率如何影響著一個金融資產的價格，除了我們熟悉的台股之外，還有什麼東西受到無風險利率的影響？

1.2.2 房價的範例

大多數台灣人資產佔比最高的房地產，其實也深深受到無風險利率的影響！房貸利率的計算基礎就是所謂的無風險利率，筆者就舉例華南銀行的房貸利率說明：本行定儲利率指數係參考台銀、土銀、合庫、一銀、彰銀及本行等六家銀行一年期定期儲蓄存款固定利率之平均利率加上依借款人信用條件、擔保品狀況、授信風險等情形訂定加碼幅度，就成為了房貸利率。

而房貸的利率會引導房價的**趨勢**，因為這代表了購屋的成本，我們思考，現在的房貸利率是固定 1.31%，假設貸款 1,000 萬本息攤還 20 年，我們就可以計算出來一個月需要還款 47,386 元，這樣計算下來，以夫妻年薪超過 150 萬的家庭來說，這是可以負擔的金額。

但是我們把時光倒回 20 年前，房貸利率 5%的年代，貸款 1,000 萬本息攤還 20 年，計算出來一個月需要還款 65,966 元，本息攤還的金額立刻就暴增了將近 2 萬元台幣，而這個時候以夫妻年薪超過 150 萬的家庭來說，光是貸款就佔了年所得的 1/2，因此這時候這一對夫妻可能就不想買房，或是降低貸款的金額，買價格低一些的房子。

因為利率過高，導致成本過高，而買氣縮手，而買氣一縮手，自然價格因為需求降低而可能呈現下跌的趨勢，因此無風險利率除了影響股市之外，更影響著房價的趨勢。

1.2.3 保險費的範例

保險公司在計算保險費的基礎，叫做責任準備金利率：責任準備金利率會隨著市場利率的變動而調整，並且保險費就是以此為計算的基準。責任準備金，是指保險公司為了承擔未到期責任和處理未決賠款，而從保費收入中提存的一種資金準備。責任準備金是保險公司的負債，因此保險公司應有與責任準備金等值的資產作為後盾，隨時準備履行其保險責任。

因此當利率降低的時候，責任準備金率就會調低，當責任準備金率調低的時候，保險公司的提存金的金額就會增加，因此當保險公司的提存金增加的時候，保險公司的成本也會增加，面對成本增加的狀況，保險公司大致上只有兩種應對的方式：1. 調漲保費，2. 降低保障，因此當市場利率調降的時候，保費就會變貴，反之亦然。

2020 年 7 月有一則新聞：

因應疫情，各國紛降息救經濟，金管會本週將公布調降壽險保單責任準備金利率，從 7 月 1 日實施，業者預估新台幣保單降幅不會超過 1 碼、美元保單不會超過 2 碼；保費將因此調漲，終身型保單受影響最大，每降 1 碼，保費可能漲 10%到 20%。

以往金管會在每年 11 月公布下一年度各幣別的新契約保單責任準備金利率，今年因新冠肺炎侵襲，各國央行競相降息，為避免與市場利率脫節太大，國內壽險保單責任準備金利率也得跟著提前調降。

新聞中所描述的：市場利率，指的就是 FED 聯邦基準利率，而美國十年期公債殖利率也深深受到 FED 聯邦基準利率的影響。

因為美國因應新冠疫情的關係，直接降息 FED 聯邦基準利率到 0%～0.25%這個區間，並且因為市場波動，讓美國十年期公債殖利率降低到 2020 年 4 月時僅有 0.6%，因此美國的利率調降，讓台灣的保險費調高了！

所以隨著市場利率的高低變化，還會影響到我們的保費成本。

從上面三個例子：股市與房市和保險，說明了無風險利率如何影響著我們的生活，而美國的十年期公債殖利率是全世界公認的無風險利率，這一個**數據**更影響著全球資金的流動，它的升貶與全世界的股票、債券、房地產，甚至景氣都息息相關。在我們理解無風險利率與我們的生活有關之後，將深入探討美國十年期公債殖利率：全球的無風險利率基準。

1.3 無風險利率與各國經濟發展

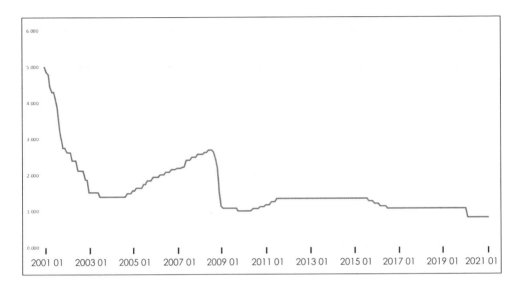

圖 1-1 台灣近 20 年定存利率變動圖
資料來源：中央銀行與作者整理

　　台灣在 30 年前有一段輝煌的歲月，那個時候的台灣有一句諺語形容：
「台灣錢淹腳目」。當時台灣因為成為世界的工廠，大家賺錢非常的容易，
金錢橫流，當時的無風險利率，也就是定存利率一度高達 12%（根據合庫
1975 年 7 月 21 日的一年期定存利率），甚至台灣現在年金改革吵了很久的
公務人員 18%就誕生在那個年代。隨著出生人口降低，經濟成長率趨緩，台
灣的超高定存利率也隨著經濟成長高峰如春水東流，一去不復返，2021 年台
灣的定存利率是 0.815%。

　　無獨有偶，不僅是台灣有這種現象，戰後嬰兒潮帶給了美國非常興盛的
80 年代。無論生產力、消費力都是盛極一時，1980 年代也是最近百年以來利
率最高的時期，利率一度高達 20%。但隨之而來的石油危機、網路泡沫、金
融海嘯、Covid19 等風暴與環境變遷，2021 年美國的基準利率是 0.25%。

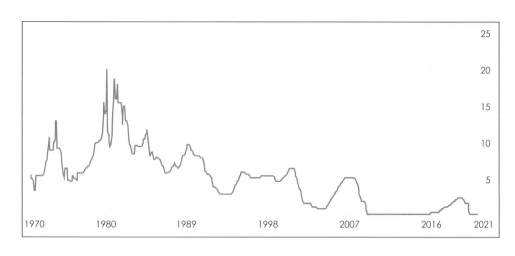

圖 1-2 1970-2021 美國利率走勢圖

資料來源：http://www.tradingeconomics.com/

從上面兩個例證，我們可以知道幾個重要的訊息：

- 利率的變動是根據當時的整體經濟狀況而定的，並且景氣越好，利率越高，如果遇到景氣不好，利率就會降低，所以無論是台灣或是美國，利率最高峰都是 1980 年代（當時是戰後嬰兒潮消費力與生產力最旺盛的時候）。其後因為人口高峰不再，影響了生產力與消費力，利率也隨著時間的遞延，來到了幾乎是歷史最低。

- 無論是台灣或者是美國，利率的*趨勢*都一樣，長期*趨勢*都是下滑的，並且*趨*近於零。

並且世界上有一個國家，它是成熟市場，但是因為 1990 年代房地產泡沫之後，帶來了失落的 30 年，並且因為失落了 30 年的關係，2000 年它們的央行利率調整為 0%，在金融海嘯後更出現負利率，因此市場上有了「渡邊太太」這一個名詞，它的利率 2021 年是負 0.1%。

這個國家叫做：日本。

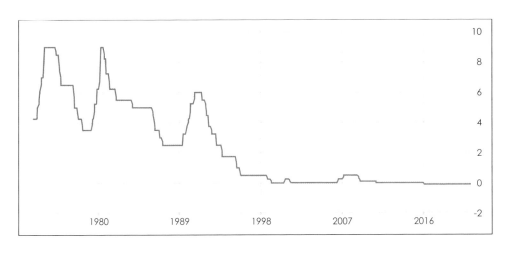

図 1-3 日本最近 40 年的利率走勢

資料來源：http://www.tradingeconomics.com/

渡邊太太成因

渡邊太太（Mrs Watanabe）是一個經濟學術語，投資人向利率極低的日本借貸利率低的日元，兌換成外幣後向海外高利資產投資（包含匯率、股票、債券）做為日常的理財。

此名詞起源於英國《經濟學人》，由於渡邊是一個常見的日本姓氏，而有一部分炒匯散戶為家庭主婦，《經濟學人》便以渡邊太太來稱呼這些進行借貸去操作金融商品的個人投資者。

也因為渡邊太太的效應，最近 20 多年的日圓有了下面的特性：當市場動盪不安時，海外投資者會將借貸而來的外幣賣出，並且轉換回日圓，用手上的日圓去還日本的負債（借日圓去投資的投資者），這個時候日圓就會因為外部投資人大量的買入日圓，造成日圓的上漲，進而在最近 20 多年的時間裡面，大家就有個共識：日圓變成了避險貨幣。

其實追根究底，就是因為日本是 1990 年之後全球成熟經濟體中，唯一接近零利率的國家，因此除了我們熟知的利率能影響股市與債市之外，利率還引導著一國貨幣的走勢。

全世界公認的股神：巴菲特，近期有一個神操作——

1. 2019 年在日本發行波克夏的債券，以日圓計價

2. 2019～2020 年買下日本五大商社 5% 以上的股權

筆者的解讀：

借用日本的錢（利率近乎為零）

買下日本的企業（五大商社）

並且由日本買單（五大商社的股息）

這是巴菲特模仿渡邊太太操作的變形

下面是相關新聞摘要：

2019 年 9 月 7 日工商時報

在全球殖利率全面走低的環境下，吸引企業趁勢發債。週五（2019 年 9 月 6 日）股神巴菲特旗下的波克夏公司（Berkshire Hathaway）儘管現金滿手，也趕搭這股熱潮，首次前往日本發行日圓債券，總金額高達 40 億美元，刷新非日本企業的發債規模紀錄。

借到錢之後，巴菲特就開始佈局日股。

下面是相關新聞摘要：

2020 年 8 月 31 日工商時報

股神巴菲特（Warren Buffett）於 2020 年 8 月 30 日、他的 90 歲大壽之際宣布，他旗下的波克夏海瑟威控股公司（Berkshire Hathaway）已買進日本五大貿易公司大約 5% 的股份，這五間企業分別為伊藤忠商事、丸紅株式會社、三菱商事、三井物產以及住友商事株式會社。

（接下頁）

巴菲特表示他過去在 12 個月內定期透過東京證券交易所買進這五間企業的股票，根據上周五的收盤價計算，這五間企業各 5%的股票加總約為 62.5 億美元

　　而自從 2020 年 8 月 31 日發佈了股神買入股的新聞之後，日經指數從 24,000 點上漲到將近 30,000 點，漲幅將近 20%，巴菲特的借力使用的功夫了得。

　　筆者寫本書的動機除了分享一些基礎的知識之外，並且讓大家可以找到免費的資訊，作為未來投資的依據。

　　筆者除了台灣的定期存款的資料是從中央銀行下載之外，全世界大部分國家的經濟數據都可以從下面這個網站找到，筆者非常推薦這個網頁：https://tradingeconomics.com/。

　　當中大部分的資料都是免費的，並且搜羅了全球的總經基本面資訊。進入網站後，點開首頁，我們可以看見新聞與各大類資訊：包含利率、指數、股票、原物料、債券等。

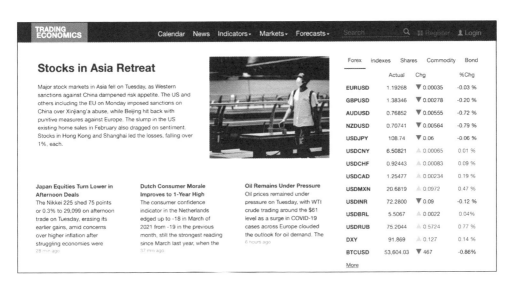

圖 1-4 tradingeconomics 網站搜羅了全球的總經基本資訊

把網頁繼續往下拉，我們就會看到全球各個國家的經濟數據的總覽。從首頁就可以看到 GDP、利率、通膨、債務比例等一些總經數據。

如果我們點選其中一個國家之後，更可以看到整個國家的基本數據。

TRADING ECONOMICS　Calendar　News　Indicators　Markets　Forecasts　Search　Register　Login

COUNTRIES	GDP	GDP YoY	GDP QoQ	Interest rate	Inflation rate	Jobless rate	Gov. Budget	Debt/GDP	Current Account	Population
United States	21433	-2.40%	4.10%	0.25%	1.70%	6.20%	-4.60%	107.60%	-2.30	329.48
China	14343	6.50%	2.60%	3.85%	-0.20%	5.50%	-3.70%	52.60%	1.00	1400.05
Euro Area	13336	-4.90%	-0.70%	0.00%	0.90%	8.10%	-0.60%	77.60%	2.30	341.90
Japan	5082	-1.40%	2.80%	-0.10%	-0.40%	2.90%	-2.40%	236.60%	3.20	126.01
Germany	3846	-3.70%	0.30%	0.00%	1.30%	4.60%	-4.80%	59.80%	7.10	83.20
India	2869	0.40%	7.90%	4.00%	5.03%	6.50%	-9.50%	69.62%	-0.90	1312.24
United Kingdom	2829	-7.80%	1.00%	0.10%	0.70%	5.10%	-16.90%	100.20%	-3.80	66.65
France	2716	-4.90%	-1.40%	0.00%	0.60%	8.00%	-3.00%	98.10%	-0.70	66.98
Italy	2001	-6.60%	-1.90%	0.00%	0.60%	9.00%	-9.50%	155.60%	3.00	60.36
Brazil	1840	-1.10%	3.20%	2.75%	5.20%	13.90%	-5.90%	75.79%	-0.72	210.15
Canada	1736	-3.20%	2.30%	0.25%	1.10%	8.20%	-15.90%	88.60%	-1.90	37.78
Russia	1700	-3.40%	1.50%	4.50%	5.67%	5.70%	1.80%	14.60%	3.90	146.80
South Korea	1647	-1.20%	1.20%	0.50%	1.10%	4.00%	-2.60%	37.70%	3.50	51.78
Spain	1394	-9.10%	0.40%	0.00%	0.00%	16.13%	-2.80%	95.50%	2.00	46.94
Australia	1393	-1.10%	3.10%	0.10%	0.90%	5.80%	-4.30%	45.10%	2.50	25.68
Mexico	1269	-4.30%	3.30%	4.00%	3.76%	4.70%	-1.60%	45.50%	2.40	126.58

圖 1-5 tradingeconomics 可以看到每個國家的基本數據

Markets	Last	Reference	Previous	Range	Frequency	
Currency	91.9	Mar/21	91.74	70.7 : 165	Daily	
Stock Market (points)	32674	Mar/21	32731	28.48 : 33236	Daily	
Government Bond 10Y (%)	1.67	Mar/21	1.68	-0.23 : 15.82	Daily	

Overview	Last	Reference	Previous	Range	Frequency	
GDP Growth Rate (%)	4.1	Dec/20	33.4	-31.4 : 33.4	Quarterly	
GDP Annual Growth Rate (%)	-2.4	Dec/20	-2.8	-9 : 13.4	Quarterly	
Unemployment Rate (%)	6.2	Feb/21	6.3	2.5 : 14.8	Monthly	
Non Farm Payrolls (Thousand)	379	Feb/21	166	-20679 : 4846	Monthly	
Inflation Rate (%)	1.7	Feb/21	1.4	-15.8 : 23.7	Monthly	
Inflation Rate Mom (%)	0.4	Feb/21	0.3	-1.8 : 1.8	Monthly	
Interest Rate (%)	0.25	Mar/21	0.25	0.25 : 20	Daily	
Balance of Trade (USD Million)	-68213	Jan/21	-66969	-69038 : 1946	Monthly	
Current Account (USD Million)	-178513	Sep/20	-161362	-218442 : 9957	Quarterly	
Current Account to GDP (%)	-2.3	Dec/19	-2.4	-6 : 0.2	Yearly	
Government Debt to GDP (%)	108	Dec/20	107	31.8 : 119	Yearly	
Government Budget (% of GDP)	-4.6	Dec/19	-3.8	-9.8 : 4.5	Yearly	
Business Confidence (points)	60.8	Feb/21	58.7	29.4 : 77.5	Monthly	
Manufacturing PMI (points)	58.6	Feb/21	59.2	36.1 : 59.2	Monthly	
Non Manufacturing PMI (points)	55.3	Feb/21	58.7	37.8 : 62	Monthly	
Services PMI (points)	59.8	Feb/21	58.3	26.7 : 61	Monthly	
Consumer Confidence (points)	83	Mar/21	76.8	51.7 : 111	Monthly	
Retail Sales MoM (%)	-3	Feb/21	7.6	-14.7 : 18.3	Monthly	
Building Permits (Thousand)	1682	Feb/21	1886	513 : 2419	Monthly	
Corporate Tax Rate (%)	21	Dec/21	21	1 : 52.8	Yearly	
Personal Income Tax Rate (%)	37	Dec/20	37	35 : 39.6	Yearly	
Coronavirus Cases (Persons)	29818528	Mar/21	29785285	0 : 29818528	Daily	
Coronavirus Deaths (Persons)	542356	Mar/21	541927	0 : 542356	Daily	
Coronavirus Recovered (Persons)	14198654	Mar/21	14181513	0 : 14198654	Daily	
Hospital Beds (per 1000 people)	2.77	Dec/16	2.8	2.77 : 9.18	Yearly	
Hospitals (per one million people)	17.11	Dec/16	17.33	17.11 : 30.65	Yearly	
Medical Doctors (per 1000 people)	2.74	Dec/17	2.72	2.27 : 2.74	Yearly	
Nurses (per 1000 people)	11.74	Dec/17	11.61	10.1 : 11.74	Yearly	

圖 1-6 tradingeconomics 提供各國家的詳細資料

很多時候在分析總經、各項商品趨勢與價格的變動，需要很多相關知識的觸類旁通，甚至參考頂尖投資人的想法與看法。

我們在這一個章節分享了以下的重點：

- 利率的上行或是下行，跟經濟的好壞呈現正相關。

- 利率的趨勢表現了經濟長線的成長。

- 而我們熟知的渡邊太太這個名詞也是因為日本的低利率而來。

- 巴菲特透過日本利率極低的特性做了一個神操作。

- 重要網站的介紹。

對利率有更深入的認識之後，下面我們就要來觀察最重要的美國十年期公債殖利率。

1.4 無風險利率的循環

　　無風險利率的往復不斷循環與世界的景氣榮枯有絕對的關係，正如同潮汐一樣，有漲潮就會退潮，有高潮就會有低谷，因此我們就用下面一張圖來表示這樣的現象。

　　筆者從美國十年期公債殖利率中，看到的循環分為三個階段：復甦＞成熟＞衰退

　　投資市場就是不斷的：衰退＞復甦＞成熟＞衰退＞復甦＞成熟＞衰退

　　不斷的反覆輪迴，正如同天有四季：春＞夏＞秋＞冬，而按照四季往復輪迴，我們的先人就演變出：春耕＞夏耘＞秋收＞冬藏的生活模式。

　　投資也是如此：在適合的時間做適合的事情。

　　復甦期：做多撒種，耐心等待獲利。

　　成熟期：收割獲利，持盈保泰，替準備來到的衰退預先做準備。

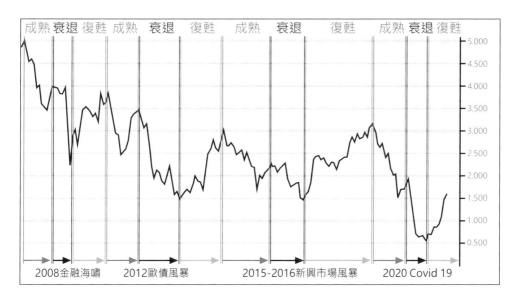

圖 1-7 美國十年期公債殖利率循環（期間：2008 / 01～2021 / 03）

資料來源：http://www.tradingeconomics.com/ 與作者整理

衰退期：這時我們就耐心等待即將黎明的清晨到來，黑夜很深，但是也只佔五分之一的時間。

市場各項商品的漲跌，也與美國十年期公債殖利率有非常大的相關性，可詳見本書 1.1。

因此，只要能夠知道現在位處美國十年期公債殖利率哪一個階段，就按照現在所在的位置替資產做佈局，在適合的時間做適合的事情，在春天撒種，夏天耕耘，自然就能等到秋天的收穫，千萬要記得預備過冬，做好過冬的準備。

筆者過去曾經擔任過圍棋老師一職，我們都知道圍棋是一門世界上最高深的學問之一，其中對我影響最深刻的就是學習圍棋當中一項最重要的功課：復盤，什麼是復盤？就是我們每次下完一盤棋之後，無論輸贏，我們都需要從第一手開始反覆檢視過去這一盤棋的優勝劣敗，檢討這盤棋中間的好棋與壞棋，並且觀察盤中是否有更好的手法，當中是否有其他的變化以及是否有延伸的知識，進而我們能夠從每一次的對局中與每一次的復盤中，獲得更多的啟發，得到更多的智慧與經驗，讓自己的棋藝更為進步。

投資，更需要作復盤的動作。投資視同作戰，是生死交關的行為。我們投資的是過去多年的積蓄，更有可能是我們的退休規劃、財富自由的規劃，不可不慎，也不能不慎。因為我們時間有限，賺錢的時間也有限，要持續的持盈保泰。

孫子兵法有云：兵者，國之大事，死生之地，存亡之道，不可不察也。

投資顧問有云：投資者，家之大事，死生之地，存亡之道，不可不慎也。

我們在投資的時候，必須要知道過去的歷史經驗，並且透過反覆驗證與推敲可能的發展，轉化成為自己的內涵，才能夠淬煉出更精練的投資手法與觀念，這是多數投資書籍中很少說明的投資基本功夫。

接著我們就從過去的經驗中，淬煉我們需要的知識與學習下一次我們面對這種循環時應該要怎麼做。

在這之前，筆者先行說明如何分類各項金融商品，筆者把它分為兩大類：避險型資產和風險型資產。

‧避險型資產：公債、貨幣與股票指數反向的期貨以及衍生性商品，當市場遇到崩盤時，這類型資產能夠不下跌甚至上漲的工具，都屬於這一類型。

‧風險型資產：股票、投資等級債、高收益債、特別股、新興市場債、原物料、黃金等與市場正相關的投資工具，都屬於這一類型。

做好無風險利率循環的分類，做好各類型商品的分類，我們就可以深入來看當無風險利率循環發生到某一階段時，各類資產的表現與我們應該要做什麼，這樣方能料敵機先。

下一節我們會介紹最近一次的衰退期——Covid 19 造成的衰退。

1.5 衰退期：美國十年期公債殖利率由高點滑落，實質利率走低

關鍵特徵：FED watch 率先發布降息的預測，隨後實質利率調降。

衰退期的表現決定了投資人能否成功的關鍵時期，因此筆者放在最前面與大家分享。

我們最近一次遇到的衰退期，就在 2020 年 1 月～4 月這一段時間，其原因為 Covid 19。更前面一次衰退期是 2015 年中國經過端午變盤後，上證崩盤，隨後油價從 100 元崩跌至 26 元，台股從 10,014 點直洩而下直到 2015 年出現的低點 7,203 為止，市場才開始反彈。

當時恐慌極盛的 2015 年 8 月 24 日，台灣期貨還出現過開盤後 30 分鐘都維持跌停的狀態。經歷過衰退期的投資人都知道，衰退期的特徵就是所有風險性資產都崩盤。但是我們看到 2020 年 1 月時，美國十年期公債殖利率這時候從頂端的 2%快速下降到同年 3 月 10 日至 4 月 18 日的端點，大約 0.5％，中間相差 1.5%的幅度。

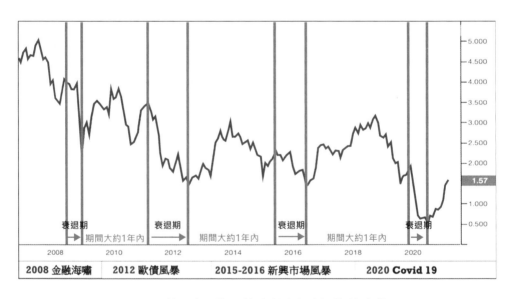

圖 1-8 美國十年期公債殖利率在衰退期的波動

資料來源：https://tradingeconomics.com/ 與作者整理

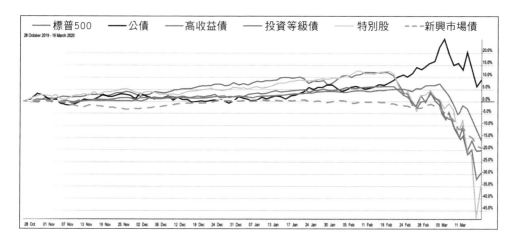

圖 1-9 2020 Covid 19 衰退期各類資產表現

資料來源：https://stockcharts.com/ 與作者整理

衰退期在美國無風險利率循環中佔據的時間非常短暫，可能只有五分之一到十分之一的時間。但是真正考驗人性與長期投資績效好壞的，就在於這一段時間。

筆者認識多位能夠長期活躍於市場的投資達人或是成功的投資者，大多數都有一個感觸，如果能避開衰退的崩盤，那麼長期報酬率一定更驚人。

為什麼避開衰退期的風險性資產全面崩盤很重要？我們可以看看 2019年 10 月至 2020 年 3 月 18 日股市最低點，當時崩盤的慘況是所有風險型資產全面重挫。

1. 標普 500 資產報酬率：2020 年 2 月股價較開年成長 10%，而到了 3 月變成下跌 20%，不到一個月的時間帳面消失 30%的資產

2. 投資等級債 ETF LQD：2020 年 2 月投資等級債券價格較開年成長 10%，而到了 3 月變成下跌 15%，大多數債券投資人沒想到他手上的 AT&T（作者 AT&T 的債券）一週會下跌 20%，投資等級債一向以穩健著稱。

3. 新興市場債則是很好玩的資產：2020 年 2 月以前沒有賺錢（其他所有資產都賺錢，只有它沒有賺錢），而且下跌時也跟著崩盤下挫 20%，持有這個資產實在食之無味，棄之不可惜。

4. 高收益債從 2020 年 2 月高點的上漲 5%變成下跌 30%，大家是否發現：高收益債在下跌時跌幅不輸給股票，但是長期報酬率卻輸給股票？

5. 特別股從 2020 年 2 月高點的上漲 10%至下挫 50%，總跌幅高達 60%。如果由跌幅最深的 2020 年 3 月 18 日那個點來看，甚至部分特別股下跌幅度來到 75%，這是一個萬一遇到崩盤時下跌幅度最深的資產類別。是否還有人記得，當時投信在募集特別股基金的時候，還特別說這個資產類別抗震，並且波動低？

   這個資產類別波動劇烈，尤其遇到衰退期，市場流動性消失的時候，崩盤幅度是所有風險性資產中最大的！

圖 1-10 基金公司的廣告說特別股抗跌，但其實不然！

資料來源：各投信公司網站、Google

**衰退期
各項資產表現**

避險資產
- 公債：所有資產崩盤，只有這個標的會上漲，並且來到波段高點

風險性資產
- 股票：崩盤
- 高收益債：崩盤
- 投資等級公司債：崩盤，但是幅度最淺
- 特別股：崩盤，並且幅度非常驚人，最深可以下跌超過 70%
- 新興市場債：崩盤

圖 1-11

　　衰退期的各類資產，可以從圖 1-11 中明瞭。並且從圖 1-11 崩盤的幅度，我們就可以知道衰退期風險性資產的下跌幅度，並且可以理解到避險資產的好處，在衰退期來臨之前，我們一定要配置足量的避險型資產。

　　至少風險型資產：避險型資產比例＝7：3，預先做準備，未雨綢繆。

　　持盈保泰，並且在衰退期來臨的時候能夠減少損失，一直是投資的重要工作，而全世界最成功的專業投資人華倫‧巴菲特（Warren Buffett），他的名言：「只有兩個投資法則：第一法則是不要賠錢，第二法則是不要忘記第一法則。」

　　筆者非常喜愛巴菲特的一些名言，並且奉之為圭臬，在這筆者用量化的數據給大家分享。為什麼「趨吉避凶，在衰退期減少損失」，是很多投資專家非常重視的事情？因為萬一資產受到嚴重的損失，要回復原狀可能就不是這麼簡單的事情了。在承擔巨大的下跌損失後，要回到原點，通常需要很高的報酬率才能達成，並且可能永遠無法達成，表 1-1 的數據就給大家做為參考

表 1-1 虧損後要花費更大的力道才能復原

報酬率	下跌後淨值	回 100 所需報酬
-10%	90	11%
- 20%	80	25%
-30%	70	43%
-40%	60	66%
-50%	50	100%
-60%	40	150%
-70%	30	233%
-80%	20	400%
-90%	10	900%

資料來源：作者整理

　　下跌的幅度越深，回復到原點時所需要報酬率越驚人。當下跌的幅度超過 50%以上，那麼這個投資組合將會很難翻身，因為它重新回到原始淨值的報酬率，需要超過 100％才能夠達成，這並不是一個簡單的數字。

　　因此最好的方法是在事前就做好配置，避免資產重大損失。

　　而我們學習景氣循環最重要的目的：是期待能在衰退期之前做好配置，並且萬一發生衰退的時候，資產能夠減少損失，在市場崩盤後，我們有現金可以在相對底部的時候買足資產，確保長期的報酬率！

　　那麼當我們理解衰退期的表現之後，物極必反，衰退之後必定迎來復甦，我們下一個章節，就是要說明復甦期。我們透過歷史與 2020 年下半年的經驗，來看看後面會怎麼變化？

1.6 衰退期與復甦期的轉變

以 2020 年 Covid 19 造成的衰退期為例。

物極必反，衰退之後必然有復甦，因此筆者在 2020 年 4 月的時候就發現了這一點，因此我在當時投入了大部分的資產，幾乎把我手上的現金用盡，甚至借了一些信貸投入股市，只差沒有抵押房子、保單借款的加大槓桿而已。

為什麼筆者在 4 月中就勇於這麼做？那就跟無風險利率循環有關係了。而筆者使用的判斷工具就是美國十年期公債殖利率的變化與殖利率循環的階段！

筆者定義衰退期與復甦期最重要的關鍵，就在於美國十年期公債殖利率的低點。當市場上極度恐慌，並且大量散戶發現公債成為資金避風港的時候，公債價格的高點、美國十年期公債殖利率的低點就會同時到來。而筆者的判斷基礎還要加上一點：台灣的媒體認證過後，幾乎就可以肯定這一件事情了！

聰明的投資人，都必須要知道一件事：

新聞媒體是說明過去發生的事情，還是未來的事情？

答案當然是：過去都發生過的事情。

那麼美國公債是避險資產這一件事情，是多數有經驗的投資人都能朗朗上口的工具，竟然在 3 月 6 日登上鉅亨網的版面，那只有代表一件事情：準備要拐散戶上車了。因為記者媒體在說一件過去已經發生的事情了，而這件事情散戶過去可能不知道！

美國近期可能二度降息 美國公債成避險資金首選

鉅亨網記者陳蕙綾 台北　2020/03/06 18:55

美國近期可能二度降息 美國公債成避險資金首選。(圖：AFP)

圖 1-12 衰退期與復甦期的分隔點在美國十年期公債殖利率的低點

資料來源：鉅亨網

　　當時的歷史環境與數據，筆者尚留存著過去的紀錄，可參見圖 1-13。當時筆者設定美國十年期公債殖利率的布林帶，並且設定 MA60 為基準，兩倍標準差為界線，而美國十年期公債殖利率在 2020 年 2 月中就突破了兩倍標準差的區間，這在統計學中機率只有 2.3%。反過來解釋，美國十年期公債殖利率後面回歸常軌、回到布林通道內的機率為 100%-2.3%＝97.7%

　　並且同一時間，美國二十年期以上公債 ETF：TLT 在媒體說是避險工具首選之後（2020 年 3 月 6 日），隔一個交易日爆出了歷史天量！

　　歷史天量的意思是說，非常多人在這一天買進，並且非常多人在這一天賣出，並且走勢是開最高，並且收盤幾乎是當日最低。

圖 1-13 美國十年期公債殖利率跌破兩倍標準差，未來反轉機率高
資料來源：鉅亨網

這說明了什麼現象？筆者用自己的理解分享給大家參考。媒體一向是主力出貨的好朋友，因為媒體報導之後，許多後知後覺的散戶終於發現在一片恐慌之中，竟然有浮木！因此大量的散戶資金湧向避險的工具：公債。而真正的法人，大多數會持有美國公債與美國公債 ETF，因此當美國公債 ETF 出現鉅額的交易量的時候，我們立刻可以推論：鉅額的交易買的人很多，並且是散戶，那麼誰是賣出巨量美國公債 ETF？當然就是法人倒貨，有買有賣，才會成就巨量！買的人很清楚就是散戶，賣出巨量美國公債 ETF 當然就是先行佈局的法人與專業投資人，只有他們手上會持有這麼巨量的公債 ETF（避險用途）。

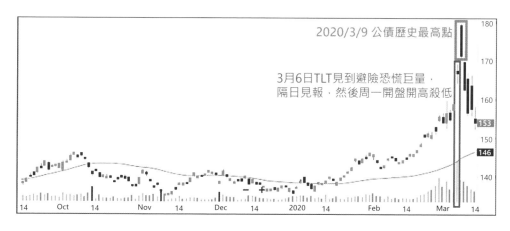

圖 1-14 美國二十年期以上公債 ETF：TLT 是觀察景氣循環的重要指標
資料來源：us.yahoo.com 與作者整理

同樣的歷史會不斷的重複，只是標的物與故事內容會有所不一樣而已，但是道理都可以互通，並且引以為借鏡，就以國巨為例。

　　國巨的歷史最高成交量，就是出現在 1,000～1,300 元之間，並且是新聞出現前妻賣股之後。請問誰有這麼多國巨的股票？當然是法人與主力，那麼是誰去接貨的？

　　筆者當時有位豐原的網友，他在 600 元的時候問我國巨的去留，我們就約在豐原圓環東路的 85 度 C 談談理財規劃。網友當時在 1,000 元的時候小額買進國巨，漲到 1,300 元的時候，他以為自己要財富自由了，因此辭去工作，專心當專業投資人。但是好景不常，高檔的巨量過去之後，股價從 1,300 元跌到 800 元這一個階段，他開始壓上身家金額約 600 萬台幣。

　　因為據他說，他的 Line 群組說國巨最終會上到 3,000 元，所以除了壓上身家的 600 萬之外，他更使用了融資。而成本 900 元的他，在股價跌到 600 元的當口，即將面臨融資追繳或是強迫斷頭的時候找上筆者，筆者只淡淡跟他說：如果主力法人出貨並且都快要出光了，請問主力會拉抬股價給散戶下車嗎？

1.6.1 主力是來市場賺散戶錢的，不是來成佛作功德給散戶賺錢的！

　　因此筆者就認定公債的高峰（殖利率的低點）已到，就在 3 月 9 日當天。筆者帶著過去跟著我一起佈局的客戶們，在 3 月 12 日之前賣出所有的公債部位（總規模約 3 億元台幣），一股不留的出清所有存貨！

　　因為公債殖利率的最低點，就是公債價格的最高點，同一時間也是恐慌指數的最高點與衰退期的最高峰，這些包含殖利率、市場情緒、散戶投資人恐慌與急忙的避險，就是衰退期的結束！

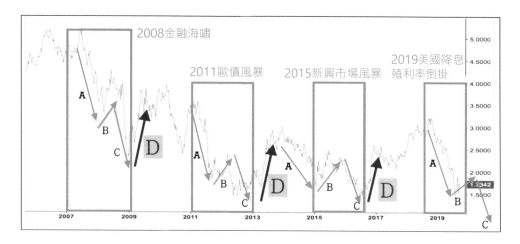

圖 1-15 2007 年至 2019 年美國公債殖利率的波動
資料來源：https://tradingeconomics.com/ 與作者整理

因此筆者認定的衰退期結束，就是公債殖利率的最低點、公債價格的最高峰。

物極必反，圖 1-15 是筆者在 2019 年 12 月對高資產客戶簡報時，就已經預測市場的衰退與復甦。歷史總是不斷的重複發生，而我們要做的事情就是預先準備，等待它發生而已

A ＞ B ＞ C，一波比一波低。美國十年期公債殖利率歷經三波段的下跌之後，必然迎來殖利率上行。公債崩盤的階段，也就是圖 1-15 中的 D。

而筆者在 2020 年 9 月的部落格文章「你不可不知的美國公債」文中，也預測了這一件事情。

圖 1-16 美國十年期公債殖利率歷經三波段的下跌之後，必然迎來殖利率上行，公債崩盤的階段

資料來源：https://tradingeconomics.com/ 與作者整理

　　在知道了歷史中必然的無風險利率循環與理解衰退期之後，必然有復甦期。並且我們詳實的記載了這次衰退期中美國十年期公債殖利率的變化，以及當時新聞背景與市場恐慌的情況，作為借鏡，當作我們下一次遇到同樣的狀況時，我們應該要有的預備與反應。

　　下一個章節，我們就正式進入復甦期。

1.7 復甦期前期：美國十年期公債殖利率由低點反彈

關鍵特徵：美國十年期公債殖利率見到低點，並且美國十年期公債殖利率不再創新低

當美國十年期公債殖利率見到低點，債券價格來到高峰，並且伴隨著極度恐慌與避險情緒大漲，正如同狄更斯雙城記中的名言：「這是最壞的年代，也是最好的年代！」

因為所有的風險資產價格，都因為恐慌而被拋售，資金全數湧向避險資產，造成了避險資產大漲。巴菲特有一句非常經典的名言：「別人恐懼的時候我要貪婪，別人貪婪的時候我要恐懼」，這是一個最壞、最恐慌的時候，也是我們最好撿便宜的黃金時刻，是我們該進場佈局的最佳時刻。當黑夜過後就是黎明，當衰退過去就是復甦。

筆者對復甦期的定義很清楚：

當美國十年期公債殖利率來到最低，隔日就是復甦期的開始！

因為市場不會更壞了，市場也不會再次更恐慌了！

那就代表風險性資產的價格即將落底，並且進入回升了。

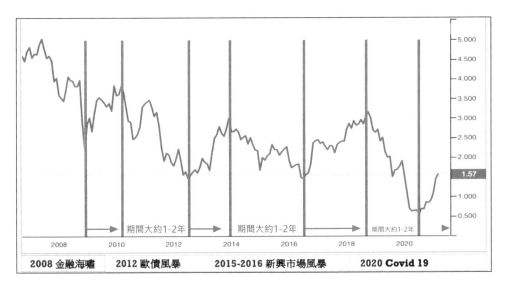

期間大約1-2年　　期間大約1-2年　　期間大約1-2年

2008　　2010　　2012　　2014　　2016　　2018　　2020

| 2008 金融海嘯 | 2012 歐債風暴 | 2015-2016 新興市場風暴 | 2020 Covid 19 |

圖 1-17 當美國十年期公債殖利率來到最低，隔日就是復甦期的開始！

資料來源：https://tradingeconomics.com/ 與作者整理

　　筆者定義的復甦期，從 2008 年衰退期過後，多數大約都是經過 1～2 年的復甦。在過去 10 年的經驗中，有些復甦期初期是無基之彈（沒有基本面的支撐），有些是有基之彈，而這次的 Covid 19 造成的衰退，是有基本面的彈升。

　　過去的歷史經驗中所有的復甦期，都是佈局金融資產的最好時機。

　　筆者把復甦期切分成為兩個部分來看：

・復甦的初期：通常是股市見底基本面尚未跟上，屬於跌深的反彈，或是超賣的回補。

・復甦的後期：是股市已經回復了，並且基本面、數據也好轉，產生通膨了。

　　我們就以這次 Covid 19 為例，跟大家說明復甦期各類型資產的變化。

1. 避險資產

公債：崩盤，這是必然的，目前我們已經看到這樣的狀況了。

2. 風險資產

- 股市：開始復甦，前面 1～2 個月表現平平，但是隨著時間遞延，這會是報酬率最高的資產類別。

- 投資等級債：是衰退期結束之後復甦最快的資產，它會在衰退期結束後 1～2 個月就重新回到票面價格，反彈的速度極快。

- 新興市場債：在這次的表現中，算是下跌多也回復慢的資產，因為新興市場通常衛生條件比較差，因此面對疫情是沒有防禦力的，並且即使有疫苗問世了，新興市場因為經濟條件較差，獲得疫苗的時間也會比較晚，因此回復的速度也會比較慢。基本上筆者的資產配置中，不會放新興市場債這個類別。效益差，並且波動大。

- 高收益債：是復甦期初期最好的投資標的之一，因為只要沒有更差，公司債的價格因為恐慌受到重創，雖然回復票面的時間比較長，但是因為跌幅深，只要回到票面，光是資本利得可能就會有 50%以上的報酬率。這個階段，高收益債是很好的投資標的。

- 特別股：特別股與高收益債的特性很像，因為跌幅極深，因此只要掌握住低點進場，很快的在一季的時間內，都能夠獲得 100%以上的報酬率。筆者在 2020 年 3 月 18 日手上有一檔特別股是 ATCO-G，當天盤中最深跌幅 50%，是的，您沒看錯，跌幅是一天下跌 50%，但是隔日（3 月 19 日）迎來強勁的反彈，當天上漲超過 100%，圖 1-18 是筆者記錄下當天的盤中走勢圖。

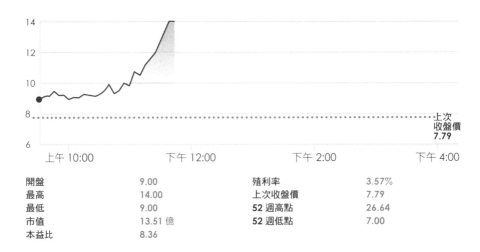

開盤	9.00	殖利率	3.57%
最高	14.00	上次收盤價	7.79
最低	9.00	**52 週高點**	26.64
市值	13.51 億	**52 週低點**	7.00
本益比	8.36		

圖 1-18 特別股 ATCO-G 在爆跌 50%之後大漲 100%的案例

資料來源：google

因此，用一張圖便可清楚的說明上面文字敘述的資產到了復甦期我們應該如何應對。

避險資產
■ 公債：崩盤，直到成熟期才會回復

風險性資產
■ 股票：長線上漲，長期持有
■ 高收益債：回復快速，但是其後資本利得低，並且高波動
■ 投資等級公司債：回復快速，但是其後資本利得低，利息穩定
■ 特別股：回覆幅度非常驚人，可以長期持有
■ 新興市場債：緩慢回復

圖 1-19

資料來源：作者整理

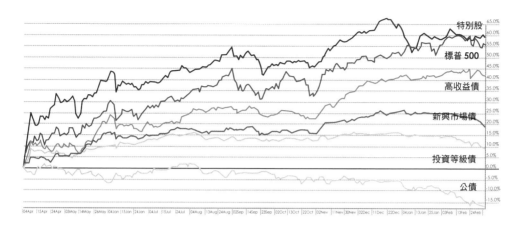

圖 1-20 2020 Covid 19 後復甦期初期各類資產表現（期間：2020 / 04〜2021 / 02）
資料來源:https://stockcharts.com/ 與作者整理

　　而筆者就根據過去的研究成果，在 2020 年 3 月 10 日之前賣出所有手上的美國公債，並且在衰退期轉換成復甦期的時候，把所有的部位買滿。大約 2020 年 4 月底的時候，筆者就是 100%持倉，並且主要持倉是三類型：高收益債、股票與特別股三大類資產。完全避開公債崩盤的時間，並且把最有效率的幾個資產類別該有的報酬率全數囊括！

1.8 復甦期後期：美國十年期公債殖利率由低點反彈，但通膨轉升

2021 年 3 月，我們可以發現全世界的通膨都緩緩發生，並且風險型資產中固定收益類型，無論是投資等級債、高收益債或特別股，這三大類資產都緩慢地回復到票面或是票面之上，這時候我們就從復甦期的前期進入到復甦期的後期。

首先筆者放上幾個關鍵數據，圖 1-21 是美國道富資產管理公司做的物價指數圖。比較平滑的曲線是美國道富資產管理自行統計的物價指數，並且公布的週期是每週一次。凹凸不平的折線是當地官方公布的消費者物價指數（Consumer Price Index、CPI），公布的週期是一個月一次。因此透過這一個工具我們可以知道，比較平滑的曲線是因為每週公布一次數據，而能夠比較即時的反應物價的上漲與下跌，並領先官方公布的 CPI 大約一個月的時間。

藉著這個工具，筆者就能夠提早至少 2～3 週計算出通膨的數據。圖 1-21 是 2017 年 3 月 30 日至 2021 年 3 月 9 日美國的通膨數據。我們可以清楚的看到曲線已經向上翻揚，這代表通膨已經開始發生。

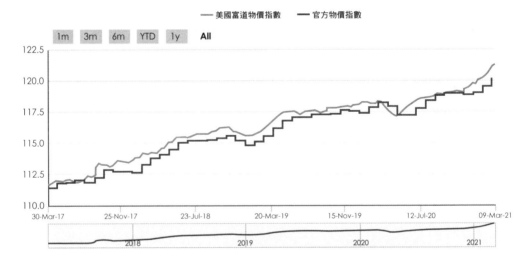

圖 1-21 2017 年 3 月 30 日至 2021 年 3 月 9 日美國的通膨數據

資料來源：道富資產管理公司

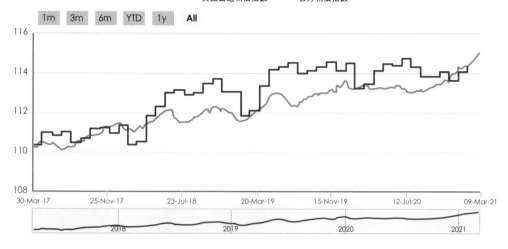

圖 1-22 2017 年 3 月 30 日至 2021 年 3 月 9 日歐洲的通膨數據

資料來源：道富資產管理公司

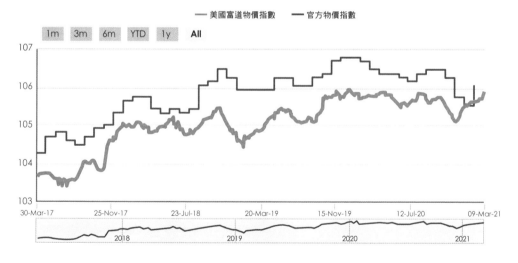

圖 1-23 2017 年 3 月 30 日至 2021 年 3 月 9 日日本的通膨數據

資料來源：道富資產管理公司

同一時間歐洲也發生了通膨，圖 1-22 是 2017 年 3 月 30 日至 2021 年 3 月 9 日歐洲的通膨數據。我們可以清楚的看到曲線已經向上翻揚，這代表通膨已經開始發生，歐洲已經很久沒有通膨了。

　　連失落 20 年的日本也發生了通膨，圖 1-23 是 2017 年 3 月 30 日至 2021 年 3 月 9 日日本的通膨數據。我們可以清楚的看到曲線已經向上翻揚，這代表復甦期的後期來臨。

　　如果您熟知聯準會針對它貨幣政策的變動，最主要兩個變數：1. 失業率 2. 通膨。

　　如果通膨發生的時候，聯準會就有可能針對原本寬鬆的貨幣政策做出調整。當聯準會公布從寬鬆轉為緊縮的時候，整個市場就會比較容易再次大幅度波動，因此通膨數據是筆者非常關注的一個數據。那麼復甦期後期各類型資產會怎麼變化呢？

　　筆者根據 2015 年新興市場風暴後的情況跟大家分享（這次 Covid 19 的復甦才剛要進入復甦期的後期，因此沒有實際的數據），但是我們可借鏡過去的經驗，來思考這次可能的發展。

　　我們先看 2015 年新興市場風暴之後，2016～2017 年整體市場的表現。

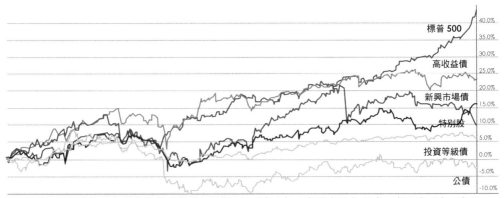

圖 1-24 2016～2017 復甦期後期各類資產表現

資料來源:https://stockcharts.com/ 與作者整理

1. 避險型資產：

- 公債：在這個階段已經不再破底，你可以在這一階段配置公債作為資產配置的一環，因為主要的崩盤段已經結束了。

2. 風險型資產：

- 股市：漲幅非常驚人，年化報酬率將近 20%。這一時期受惠經濟數據良好的基本面支持，加上貨幣政策的寬鬆，上漲的幅度很高。

- 投資等級債：在復甦期前期已經回到票面了，因此大致上只能獲取利息，並且少有資本利得。

- 新興市場債：在 2016 年末美元開始轉弱，才能有比較好的表現。這個資產下跌時幅度不少，上漲時績效卻不如人，總體計算下來夏普值極低，因此是各大資產中最差的一類型。

- 高收益債：雖然在復甦期前期就回到票面，但是因為它的殖利率較高，並且在復甦期有些公司的信用評等有機會被調升，因此即使回到票面，也有機會因為信評提高，價格續強，有相對好的表現。

- 特別股：這個資產類別波動劇烈，大致上表現與高收益債不相上下，性質與高收債相似。

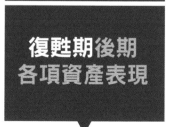

避險資產
- **公債**：下跌到相對底部，開始築底

風險性資產
- **股票**：長線上漲，長期持有，年化報酬率約 **7%**
- **高收益債**：價格回到票面甚至更高，到期殖利率約 **4%～8%**，可能有資本利得
- **投資等級公司債**：價格回到票面甚至更高，到期殖利率穩定約 **3%～5%**
- **特別股**：價格回到票面甚至更高，到期殖利率約 **5%～12%**
- **新興市場債**：緩慢回復，到期殖利率穩定約 **4%～8%**，難有資本利得

圖 1-25

透過上面的資訊可理解各大類資產的表現，我們幾乎可以確定只要在衰退期末端與復甦期前期買入股票並且長期持有，都能夠獲得很好的表現。甚至如果我們能忽略 3～5 年的小週期，純粹買入持有股票，並長期持有，也能夠獲得很好的報酬率。

根據波克夏 2020 年的財報，長期持有美國股市的報酬率為 9%。根據 Siegel Jeremy 的整理，最近 200 年，從 1802 到 2011 年股市長期持有的報酬率 6.8%。

因此，如果是沒有時間做交易，並且也沒有興趣研究股票的人，最好的方式就是買入全球股票型的 ETF，並且長期持有，這樣就能獲得相對穩健的報酬率。

那麼面對復甦期後期，我們應該要有怎麼樣的投資思維？所有的投資都必須未雨綢繆，先行想到下一步。目前是復甦期後期，我們就必須為了成熟期與衰退期預先準備。

圖 1-27 就是筆者目前的想法，其中最重要的就是公債與股票的想法。

圖 1-26 1802 年至 2011 年各類資產的投資報酬率

資料來源：Siegel Jeremy

- 公債：這一時期是美國十年期公債殖利率打底的時候，但是美國十年期公債殖利率最高的時刻，應該是美國因為景氣強勁，開始升息的當下，而當時也就進入到成熟期。在復甦期末期與成熟期的交接點公債殖利率就會見到最高點，並且隨著股市高漲、通膨的發生，讓大家有避險的意識，因此成熟期公債殖利率未必會上升，反而有下降的趨勢。公債最好的佈局時間點就是現在，復甦期的後期雖然不能買到最低的價格，但是也能買到相對低的價格了。

- 股票：這時候也是很好的佈局時間點，隨著景氣升溫，公司很有機會營收與獲利創新高，進而帶動股價也創新高！

最後復甦期在投資上最困難的一點，不是因為它不會漲，而是它與衰退期比起來，股價已經上升了一段了，對一般投資人來說，它很可能在底部的時候不敢進場或是只買一小部分，在上升途中又全數賣出，接著又期待第二隻腳而錯失了復甦期前期的大波段，導致參與率過低，而且現在因為股價節節上升，感到不安。這心理層面的難解，最好尋求專業人士的輔助。

其實一般投資人只需要懂得景氣循環，懂得美國十年期公債殖利率的循環，透過循環每一階段的各大類資產的表現，來決定現在手上的持股是否需要調節，簡單的方式就能夠獲得很好的績效，這也是本書最主要的目的。

下一章節我們就要進入成熟期，這是筆者投資生涯中非常成功的佈局。

復甦期後期投資策略

避險資產
■ 公債：進場佈局公債，等待下次風暴

風險性資產
■ 股票：持續加碼並且長期持有
■ 高收益債：開始賣出轉換成公債
■ 投資等級公司債：開始賣出轉換成公債
■ 特別股：少量加碼，長期持有

圖 1-27

1.9 成熟期：美國十年期公債殖利率經高點而滑落，通膨高於 2%，失業率低於 4%

關鍵特徵：美國十年期公債殖利率見到高點，並且不再創新高

當總經環境出現消費者物價指數（CPI）高過 2%，失業率低於 4%，加上實體經濟穩定，這時候聯準會就會對外放話可能要升息或縮表。如同 2016 年聯準會主席葉倫不斷的對外宣稱可能會升息一樣，這時候我們就要注意，景氣可能完全復甦，並且來到了成熟時期！

筆者定義的成熟期是美國公債殖利率見到高點之後，美國公債殖利率開始緩步下滑，並同一時間是股票、債券一起上漲的時期，筆者統稱成熟期。

最近一次的成熟期就是 2018 年底開始，當時美國十年期公債殖利率是 3%。記得當時在三商美邦人壽演講時，通常開場就會詢問下面的壽險業務人員一件事情：現在美國十年期公債殖利率有 3%，你們賣的儲蓄險內部報酬率（IRR）根本不到 3%，並且信評還遠遜於美國公債，請問儲蓄險有什麼價值？然而美國十年期公債殖利率超過 3%的時間並沒有太久，殖利率就開始下滑了！

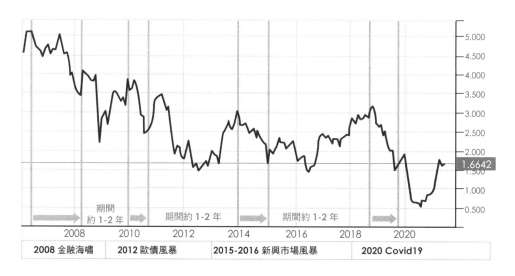

圖 1-28 2008 年以來，景氣成熟期的美國十年期公債殖利率走勢

資料來源：https://tradingeconomics.com/ 與作者整理

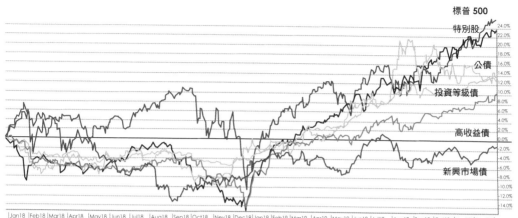

圖 1-29 2018～2019 成熟期各類資產表現

資料來源:https://stockcharts.com/ 與作者整理

　　大家一定會有個疑問：為什麼成熟期美國公債殖利率會開始下滑？筆者找到的答案是，當聯準會升息，並且景氣回復推升股價之後，因為無風險利率提高了，但是公司的獲利反而因為利率提高，造成獲利有可能下滑，導致風險提升。

　　因此，大多數的資產管理者看到景氣回升而加碼股票，同一時間手上的股票數量也很多，需要做避險，這時買股票的時候也會順便避險買公債，替自己的投資組合作平衡的配置，避免崩盤的風險。因此這一階段股票與債券都會同時彈升，造成股債同漲，圖 1-29 為前一次的成熟期 2018～2019 年各類型資產漲跌。

1. 避險型資產：

・ 公債：在這個階段已經不再破底，並且在 2019 年開始走多頭，如果純粹比較 2019 年長天期公債與標普 500 的報酬率，公債是比較高的！

2. 風險型資產：

・ 股市：這時候報酬率回歸常軌，回到 7%～8%之間。

・ 投資等級債：仍然是賺取利息，並且幾乎很難有資本利得。

- 新興市場債：在這一階段，美元因為升息與資金回流開始上漲，對新興市場造成負面影響，匯率貶值與外債負擔越來越沉重，因此這一階段新興市場債不升反而下跌，總之新興市場債是一個效益很差的資產，可以忽略它。

- 高收益債：雖然在復甦期回到票面，但是因為這一階段無風險利率上升，這時候會對體質不好的高收益債產生壓力，並且美元因為升息與資金回流開始上漲，而高收益債大部分是原物料與新興市場相關的族群，因此很有可能被降低信用評等而造成價格下跌，這一時期高收益債只能獲取利息，但是有可能產生資本利損。

- 特別股：這個資產類別波動劇烈，大致上表現與高收益債不相上下，性質與高收債相似。

　　根據上面的性質，我們可用圖 1-30 來表示。

避險資產
■ 公債：當市場來到高點，雖然指數會持續創高，但同一時間也因為估值過高，市場開始避險佈局公債，因此公債價格會開始緩漲

風險性資產
■ 股票：俗稱邪惡第五波，各種類型股票快速噴出上漲
■ 高收益債：這一時期來到最高峰，沒有資本利得，並且利率不高，難有資本利得，但是資本利損的機率高
■ 投資等級公司債：這一時期來到最高峰，沒有資本利得，並且利率低，難有資本利得，但是資本利損的機率高
■ 特別股：這一時期來到最高峰，沒有資本利得，並且利率高，難有資本利得，但是資本利損的機率高
■ 新興市場債：這一時期來到最高峰，沒有資本利得，並且利率高，難有資本利得，但是預計有高資本利損

圖 1-30

筆者過去就是在這一個時期大量佈局美國長天期公債，2019 年 1 月至 2020 年 2 月總規模大約是 3 億新台幣，因為經過成熟期之後，市場必然進入衰退期。

所有正確的投資都應該預先準備，雖然每一次衰退的理由都不太一樣：2008 年是因為次級貸款；2012 年是歐債風暴；2015 年從端午變盤、中國崩盤到石油崩盤，引發整個新興市場崩盤；2020 年因為 Covid 19。

每一次的小循環都以 3～5 年為週期循環發生，原因是我們很難事前完全洞悉，但是聰明的交易者一向都是未雨綢繆，在事情未發生之前就先做好準備。

孫子兵法有云：勿恃敵之不來 恃吾有以待之。

當市場進入到成熟期之後，就是我們準備大規模避險的時候，與復甦期後期不同。這時候公債的比重會慢慢超過 30%，復甦期後期可能採取定期定額的方式慢慢增加持倉。

圖 1-31 為筆者針對成熟期各類型資產的投資想法。

成熟期 投資策略

避險資產
■ 公債：大量買進，等待市場崩盤

風險性資產
■ 股票：不再加碼，逐步賣出轉換成公債
■ 高收益債：不再加碼，甚至減碼，逐步賣出轉換成公債
■ 投資等級公司債：出清，換成公債
■ 特別股：可酌量加碼，但是不宜持有過大比重
■ 新興市場債：筆者從不考慮這類型資產，報酬率低、風險大、波動大

圖 1-31

本章節主要說明筆者對景氣循環的分類與看法，並且加註各類型資產在各種不同景氣循環的投資想法與過去的歷史經驗。

　　為什麼歷史經驗很重要？ 本章節我們學習的是影響投資市場最重要的利率趨勢，市場上的新聞隨時會改變事件發生的內容，但是美國十年期公債殖利率的波動與週期是可以預測，並且不會改變的。

　　美國十年期公債殖利率的上升與下跌都與市場的反應相關，並且引導這個趨勢的不會是小錢，而是法人與央行，甚至是國家與國際的政策。這個力量非常有 Power，足以扭轉趨勢，一旦形成趨勢之後，幾乎很難扭轉。而我們投資最省力的方式就是借力使力，順應著大勢，就能輕鬆的投資獲利，並且趨吉避凶。

　　下個章節，我們會介紹投資上場的第二個定價商品：美元。

CHAPTER
第二章
標定資金流動的指標：美元指數

2.1 美元是美國的貨幣、全球的麻煩，影響全球貨幣的流動：美元指數的介紹

　　美國總統尼克森（Richard Milhous Nixon）時代的財長康納利（John Connally）曾說過：「美元是我們的貨幣，但卻是全球的問題」，一句話道盡美元對全球的影響力。也有一個網路流傳的笑話是這麼說的：「聯準會一聲吼，世界各國抖三抖」。為什麼一個國家的貨幣能夠有這麼大的力量（power）？並且他的央行（聯準會）任何的動作都能夠引起全世界的震撼？

　　因為美元是全球許多商品的定價貨幣，定價貨幣的意思是全球重要商品、原物料的結算貨幣，而其中最重要的商品叫做：石油！

2.1.1 美元成為最重要結算貨幣的歷史

　　1974 年美國當時的國力衰退，導致美元是全球最強的貨幣的地位被挑戰，因此當時美國總統尼克森與沙烏地阿拉伯做出一個協議，讓美元成為石油的結算貨幣，並且用賣出石油獲取的美元來購買美國公債，由美國信用擔保，提供石油國相當的利息。而美國十年期公債殖利率從原本的 6% 一路攀升到石油危機時期的 14%，石油國家在這一段期間不但賺取了大量的美元，並且也從美國那邊拿到相對高的利息，成為了油元循環。美國在購買原油的同一時間，也創造了大量的美元需求，並且當時石油輸出國組織（OPEC）也以沙拉烏地阿拉伯為首，把這個油元經濟擴展到其他 OPEC 成員國中，奠定了現在全球經濟的基礎模型，美元成為全球最重要商品的結算貨幣。

　　除了大家熟知的石油之外，黃金、白銀、銅礦砂、鐵礦砂等重要工業原料，也幾乎就在同一時間，大家公定都使用美元作為結算貨幣。

2.1.2 美元升貶成為供給與需求變化的重要條件

因此美元的升貶會影響到石油對需求國的價格。美元升值對美國人來說是沒有影響的，但是對非美元貨幣國家的人來說，因為兌換美元美元升值的關係，代表要買相同的油需要用更多的錢換到同樣的美元，才能購買足量的油，因此對非美元貨幣的國家來說，這就相當於油價上漲。

舉個例子說明得更清楚一點，假設美元對台幣的匯率是 1：30，當時的油價是 30 美元一桶，如果台灣人需要 100 桶石油，那我們需要 3,000 美元才能買到 100 桶石油，換算成台幣，我們就需要 90,000 台幣才能買到 100 桶石油。

如果這個時候，美元兌換台幣升值到 1：40，油價不變，仍是 30 美元一桶，這時候我們要買 100 桶石油需要 3,000 美元，但是美元升值了，我們變成需要用 120,000 台幣，才能換成 3,000 美元，即使這一個時間點內油價沒有上漲，但是對非美元國家的人來說，油價就是上漲的，反之亦然。當美元貶值的時候，對非美元國家來說，即使油價沒有波動，仍是一桶 30 美元，但這時候因為美元貶值了，這時候買相同數量的石油，價格也會變得比較便宜！

根據大家都非常熟悉的供給與需求的原理，當價格上漲的時候，需求就會相對減少，反之，當價格下跌的時候，需求就會上升，因此當美元上漲的時候，代表油價對非美元國家就是漲價，當價格上漲的時候，需求就會下降。如果石油國要維持相同的輸出，那麼他們就比較容易降價求售，因此美元指數與石油價格之間，就產生了反向的關係：美元上漲，石油價格比較容易下跌；美元下跌，石油價格比較容易上漲。

除了美元是全球各類型商品、大宗物資的主要結算貨幣之外，美元更是全球匯率結算的主要貨幣，並且也是各國發行貨幣之前的準備貨幣的主要貨幣。簡單來說，中華民國如果要增加發行新台幣，那麼中華民國就必須準備美元與其他貨幣如歐元、英鎊、日圓等貨幣當作信用保證，這樣才能發行新的貨幣，並且不會讓貨幣的價值貶值。反之，如果沒有信用保證而濫印貨幣，會造成泡沫如辛巴威幣。

舉例來說，亞洲的大多數國家都擁有相當資產的外匯存底（黃金儲備也算其中一環），但是這些國家的外匯存底之中，大多數是美元與美債。甚至說白話一些，中華民國發行新台幣的基礎，除了黃金之外，是依賴美元的！假如沒有美元儲備，新台幣可能沒有價值。

　　這就是美元強大的原因，讓美元成為全球最重要的貨幣。它的升貶會讓全球經濟產生挪移，股市產生震盪，新興市場更是擔心美元的升值，因此美元是美國的貨幣、全球的麻煩。

2.2 認識美元如何影響全球的資金流動

　　什麼是美元指數？美元指數是綜合六種外幣的匯率總合出來的一個量化數據，它代表著美元的強弱。這六種貨幣分別為：歐元、日圓、英鎊、加拿大幣、瑞士法郎、瑞典克朗。

　　而上述這六種貨幣也是世界上重要的結算貨幣之一，因此美元指數是透過這六種貨幣而計算出來的指數，因此也能充分表現美元在市場上的強弱。

　　在前一章節我們認識了美元的強大與定位，並且我們可以清楚的知道美元的升貶與原物料及貨幣的升貶有關係，接著就用量化的數字來跟大家分享，觀察美元強弱以及美元指數的歷史！

　　美元強石油弱，美元弱石油強，說得更深入一些，就是美元指數弱勢的時候，石油容易上漲；美元指數強勢的時候，石油容易下跌。

　　除了石油之外，美元跟全世界最重要的幾個原物料都呈現反向的關係，如黃金、白銀、銅、鐵礦砂，參見表 2-1。

表 2-1 所有原物料幾乎都跟美元呈現反向

證券	美元	黃金	白銀	石油	鐵礦砂	煤碳	銅
11) 美元	1.000	-0.399	-0.434	-0.424	-0.066	-0.050	-0.308
12) 黃金	-0.399	1.000	0.803	0.354	-0.065	-0.015	0.217
13) 白銀	-0.434	0.803	1.000	0.521	-0.065	0.038	0.358
14) 石油	-0.424	0.354	0.521	1.000	0.191	0.018	0.450
15) 鐵礦砂	-0.066	-0.065	-0.065	0.191	1.000	-0.139	0.085
16) 煤碳	-0.050	-0.015	0.038	0.018	-0.139	1.000	0.061
17) 銅	-0.038	0.217	0.358	0.450	0.085	0.061	1.000

資料來源：Bloomberg

表 2-2 所有貨幣幾乎都跟美元呈現反向

證券	美元	歐元	日幣	台幣	印度盧比	俄羅斯盧比	新加坡幣	巴西里拉
11) 美元	1.000	-0.964	0.382	0.370	0.337	0.323	0.672	0.372
12) 歐元	-0.964	1.000	-0.245	-0.279	-0.280	-0.274	-0.569	-0.324
13) 日幣	0.382	-0.245	1.000	0.081	0.012	0.012	0.279	-0.021
14) 台幣	0.370	-0.279	0.081	1.000	0.471	0.426	0.647	0.427
15) 印度盧比	0.337	-0.280	0.012	0.471	1.000	0.313	0.521	0.443
16) 俄羅斯盧比	0.323	-0.274	0.012	0.426	0.313	1.000	0.441	0.420
17) 新加坡幣	0.672	-0.569	0.279	0.647	0.521	0.441	1.000	0.532
18) 巴西里拉	0.372	-0.324	-0.021	0.427	0.443	0.420	0.532	1.000

資料來源：Bloomberg

因此，美元的上漲與下跌影響著原物料的價格上漲與下跌！美元是所有原物料價格的定價之母。而除了原物料之外，美元更是所有貨幣的定價之母！所有貨幣都跟美元呈現反向的關係。

我們藉由上面的數據可以得到一個結論：

· 美元跟重要原物料呈現反向的關係。

· 美元跟所有的貨幣呈現反向的關係。

從上面的性質，我們就可以往下延伸，美元的強弱會影響股市的強弱！離我們最近的一次美元強升，就發生在 2015 年。

2015 年新興市場危機，美元指數從 80 上漲到 100，同一時間，石油弱勢從 100 美元下跌到 26 美元。這時會使世界最重要的產油國之一：俄羅斯，它的匯率從 1：30 在很短的時間內貶值到 1：80，迫使俄羅斯緊急大幅度升息，防止資金外逃。並且在當時俄羅斯的指數從 1,000 點連續重挫，在 3 個月內就崩盤到 500 點才止跌。

同一時間，幾個重要的亞洲國家匯率重貶，日圓從 1：100 迅速的貶值到 1：122，貶值幅度來到 20%，但是日本股市因為貶值反而產生好處，日本股市上漲。

　　亞洲四小龍的新加坡的匯率，在 2015 年一度重貶將近 50%。

　　台灣的加權指數從 10,000 點重挫到 7,203 點，匯率則是從 29 一路貶值到 31.6。

　　中國的上證從 5,000 點重挫到 2,600 點為止，匯率從 4.5 一路貶值到 7。

　　同一時期，全球股市、匯市都非常的慘烈！

　　並且在 2015 年股市重挫的當下，原本大家認為的避險商品黃金等貴金屬不升反跌，這引導著南非產貴金屬的國家因為黃金價格降低，讓南非的體質變差，進而讓南非幣貶值。而南非本身是許多礦產的重要國家，因為原物料價格不振，造成最近十年，南非幣貶值了 60%。

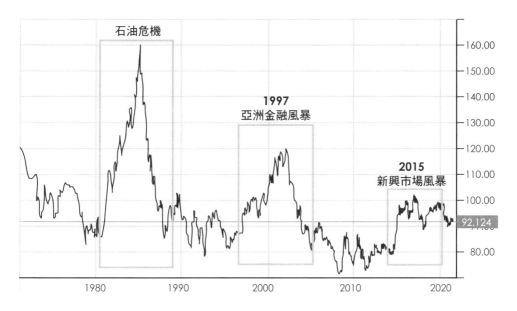

圖 2-1 美元指數的大幅波動，都會對全球造成重大影響

資料來源：https：//tradingeconomics.com/ 與作者整理

從前面的例子可以更清楚美元的影響力有多大了。美元是全球股市、匯市最重要的定價基礎之一，並且每次只要遇到美元強漲，最後都會發生新興市場危機，新興市場的危機是股市、匯市同時發生的！圖 2-1 說明這個相關性。

台股與台幣匯率是正相關的，並且相關係數很高：0.5，說明台股與台幣匯率的走勢相當。台幣上漲，台股上漲；台幣下跌，台股下跌。我們可以觀察最近這一年多來的匯率，台幣從 1：30 沿路升值到 1：28，台股就從 10,000 點一路上漲到 17,000 點，充分說明了美元弱勢帶動台幣強勢，對台股有助漲的效果。

印度盧比匯率與印度股市是正相關的，並且相關係數很高：0.5。印度盧比上漲，印度股市上漲；印度盧比下跌，印度股市下跌。因此如果美元上漲，帶動印度盧比下跌，那麼也同時會讓印度股市下挫。

巴西里拉匯率與巴西股市是正相關的，並且相關係數很高：0.5。巴西里拉上漲，巴西股市上漲；巴西里拉下跌，巴西股市下跌。因此如果美元上漲，帶動巴西里拉下跌，那麼也同時會讓巴西股市下挫。

美元強勢的時候，鐵礦砂弱勢，這會讓全球最大的鐵礦砂公司：淡水河谷（VALE）獲利能力下降，而淡水河谷又是巴西最重要的公司之一，進而引導淡水河谷的股價下挫，讓巴西股市偏弱。

而淡水河谷的弱勢會讓巴西整個經濟狀況變差，更讓外資卻步而賣出巴西里拉，賣出巴西里拉之後又會讓股市下挫。因此美元升貶對盛產原物料的國家影響更是劇烈，比一般新興市場影響更大。

到今天，南美洲的新興市場因為上天給了他們豐富的原物料，反而成為他們的詛咒：產油國委內瑞拉破產；有天賜草原的阿根廷多次債務違約；墨西哥產油國雖然產原油，但是卻沒有煉油廠，汽油需要從美國進口。有時候我們更應該反思，先天擁有這麼多的資源，到底是好事還是壞事？

下個章節我們將看看美元歷次大幅度上漲帶給市場的巨大波動與影響。

2.3 認識美元指數與美元指數的歷史

在最近 40 年以來，美元總共有 3 次重大的波動，分別是 1980 年代、2000 年、2015 年，都造成新興市場與全球股市及匯市的大波動。

- 1979 年石油危機：因為產油國伊朗發生革命，造成原油價格從 1979 年的每桶 15 美元，最高漲到 1981 年 2 月的 39 美元，漲幅超過 100%。接續而來的是全球風險意識驟增，美元指數暴漲，從 1981 年初的 103 大幅度升值到 160 才停止。同一時間，美國公債殖利率從 1981 年中的 15% 大幅度的下滑（債券價格上揚），至此美元與美債成為影響全球經濟最重要變數的時代開啟，美元與美債也成為世界最主要的兩大避險工具。

- 1997 年亞洲金融風暴：東南亞實體經濟仰賴於世界的投資，讓經濟熱絡，但實際上卻沒有足夠的基本面支撐當時高漲的匯率，並且當時東南亞多國與美元採取聯繫匯率（目前香港仍與美元作聯繫匯率），讓市場派有機可趁，風暴就由泰國放棄固定匯率導致泰銖大幅度貶值，引發東南亞各國依序大幅度貶值，造成亞洲金融風暴，進而演變成俄羅斯債券違約，最後甚至讓名滿天下、美國著名的基金公司長期資本管理公司（LTCM）倒閉（該公司由 3 位諾貝爾經濟學獎得獎者主持）。

- 2015 年新興市場危機：2014 年中國上證從 2,200 點起漲，到了 2015 年端午節上漲到了 5,000 點以上，同一時間，美元指數從 80 點上漲到 100 點以上，日元從 1：100 貶值到最高 1：122。到了 2015 年端午節，中國股市開始崩盤，連續多日熔斷，甚至開盤僅 1.5 分鐘就停止交易，正式引爆了新興市場的風暴。同一時間，石油從高點 100 美元一桶，崩跌到 26 美元一桶；新興市場全面重挫，全球股市也全面重挫。當時台股跌停是 7%，在 2015 年 8 月 24 日當天期貨開盤就跌停，前一天美國道瓊指數重挫 5%，全球再次進入恐慌。

美元每次的大漲都必然造成全球股市的重挫，並且新興市場一定首當其衝搶先崩盤，因此我們理解美元的歷史，就可以知道美元在市場上的地位。

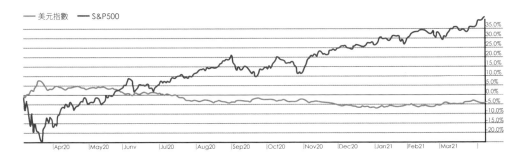

圖 2-2 2020 年 3 月至 2021 年 3 月美元指數與標準普爾 500 指數走勢

資料來源：https://stockcharts.com/

　　那麼美元弱勢或是美元盤整呢？其實美元的弱勢或是美元盤整，對全球金融市場就會是比較溫和並且上漲的態勢。

　　圖 2-2 為 2020 年 3 月至 2021 年 3 月美元指數與標準普爾 500 的走勢圖。當美元向上的時候，SPY（標普 500 ETF）報酬率就下降。當美元向下的時候，SPY 報酬率就上升。在最近一年（2021 年）這個態勢非常的明顯！

　　圖 2-3 為 2015 年 8 月至 2017 年 12 月美元指數與標準普爾 500 的走勢圖。當美元向上的時候，SPY 報酬率就下降。當美元向下的時候，SPY 報酬率就上升。在這個景氣循環的階段，美元下跌股市就上漲的態勢非常的明顯！

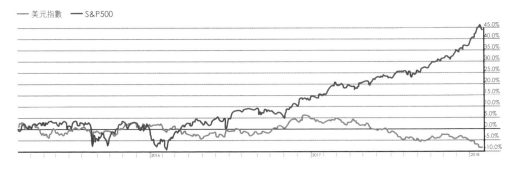

圖 2-3 2015 年至 2017 年美元指數與標準普爾 500 指數走勢

原因為何？因為美元是市場資金風險流動的重要指標。

美元上漲的時候，通常代表風險提高；同一時間還帶動原物料與其他貨幣的下跌，代表市場上的投資人開始注意到風險，降低他的風險性資產的部位。這會產生一連串的影響，就像蝴蝶效應一般，讓全球金融市場受到程度不一的影響。

當美元急速上漲，全球市場就會崩盤了。

當所有風暴過去之後，原本美元因為被當成避險貨幣的功能消失了，因此會讓大家開始賣出美元，讓美元弱勢。並且賣出美元後的資金必須要有去處，去處就是我們大家熟知的股市、匯市、債市、原物料、房地產等重要資產。

美元弱勢的時候，是萬物都漲！這是學習美元的重點。直到聯準會開始改變它的政策，要引導美元走強為止。

既然美元影響如此重大，了解美元指數的趨勢與方向，就是我們目前重要的功課了。下一個章節，我們就來分析美元指數 2021 年的現狀與未來的方向。

2.4 美元指數 2021 年的狀況與未來的推估

圖 2-4 為 2020 年 3 月至 2021 年 3 月的美元指數圖。

以 2020 年的趨勢來分析幾個目前已知的重點：

1. 長線來說，最近一年是呈現空頭的走勢，美元指數從 101 下跌至 92.16。

2. 以中線來說，進入到 2021 年之後，美元不再下跌破底。

3. 以短線來說，美元現在站上季線，並且季線與月線黃金交叉，但是被年線壓著，暫時無法突破。

因此，我們光看美元指數，加上前面我們分享過的訊息美元與股市反向，可以推論幾個結論。

圖 2-4 2020 年 5 月至 2021 年 3 月的美元指數

資料來源：https://stockcharts.com/

在這我們要做一個練習：

· 看完本書 2.2、2.3 的分享，建議各位把下面的結論先蓋上。

· 請大家透過 2.2、2.3 分享過的數據與量化經驗，憑著圖 2-4：最近一年的美元指數走勢，推演過去一年全球股市、匯市、原物料的走勢。

筆者再次提示 2.2、2.3 的重點：

· 美元與全世界的貨幣都是反向的。

· 新興市場的貨幣與新興市場的股市是正向的。

· 美元與全世界的重要原物料：金、銀、銅、石油都是反向的。

本書強調的是學到有效益的知識，但是有效益的知識不是看看書，了解知識就可以的，必須透過思辨與驗證的方式，訓練自己的邏輯與推演的能力，最後形成一個投資哲學與投資紀律，讓自己的投資哲學更完整，勝率更高。

光是美元指數的幾個已知的訊息，我們可以透過 2.1、2.2 分享的數據中得到什麼結論？

· 美元大幅度的空頭，反之而來的就是非美元匯市在這一年中是多頭的。

· 非美元匯市在這一年中是多頭的，就代表其中新興市場的股市是多頭的。例如：我們居住的台灣，匯率從 1：30 升值到 1：28.5，股市從 10,000 點上漲到將 17,000 點。

· 美元大幅度的空頭，反之而來的就是原物料在這一年中是多頭的。

· 原物料在這一年中是多頭的，就代表重要的石油是多頭的，原物料相關產業這一年也是多頭的走勢。例如：必和必拓（BHP），全球最大礦商股票是多頭的。石油從 2020 年 4 月最低是負數，上漲到 2021 年 4 月布蘭特原油一桶 60 美元。

筆 記 欄

以下還有很多點，我們不一一陳述過去的事實。

這個練習，讓我們知道光是看一張美元指數，我們就可以說出很多過去已經發生的事情。當我們有了這個能力之後，如果我們能夠推論未來美元的走勢，那我們也能夠推論未來全球股市、匯市、原物料的走勢了。

筆者再放上一張圖，除了我們知道過去一年的走勢之外，也要看看更長一點的走勢：2014 年 1 月至 2021 年 3 月週線的圖。

筆者觀察的重點與拷問自己的問題：

・ 現在美元的*趨勢*為何？走多、走空，還是盤整？

・ 未來美元比較容易走空，還是走多？為什麼？

・ 除了上述分析之外，我們是否額外多做避險與壓力測試？

圖 2-5 2014 年 1 月至 2021 年 3 月美元指數周線圖

資料來源：https：//stockcharts.com/

所有推估未來行情與走勢的方式，筆者提供自身的經驗做為參考。

- 所有推估的基礎是要穩固的，例如筆者在對未來行情與景氣循環的推估，都有過去的外資研究報告與各類論文作為佐證或是立論的基礎。

- 所有推演的過程與各項的變化，都需要符合邏輯，並且是可以推論、可檢驗的。

- 金融市場的不變真理就是不斷更新，例如過去傳統經濟學中沒有負利率的存在，因此針對負利率我們要做額外的探討。但是所有金融市場有個絕對的準則，就是所有人進入金融市場的目的都是為了獲利。因此面對過去沒有的環境與情況，基本的立論點就是賺錢。

- 上述前提都是我們推估的基礎，基礎穩固了，整個推論才會正確。

　　因此透過以上的基礎與邏輯思辨之後，筆者給自己幾個答案：

- 美國仍是寬鬆的環境，所以即使短線呈現比較強的多頭，但是整體來說，仍不容易走一大波段多頭，突破最近五年最高 104，一路走向 120。根據上面的推論，新興市場近期會承受比較大的壓力，但是美股因為短線美元較強，會有比較多的資金留在美股，因此主戰場是美股（即使美元弱勢，美股也會相對強）。歷史的經驗是美股與美元是不相關的，因此美元強弱與美股強弱無關，但是短線美元強勢，必然影響新興市場的股市、匯市、債市，因此要優先避開。

- 根據美國聯準會的升息時間表，目前的資訊是至少到 2022 年底之前都不會升息，期間可能會有降低購債、降低 QE 的相關議題，但是這段期間不容易有官方鷹派升息的訊息出現（民間會很多推估）。因此美元在這段期間仍是不容易一次走大多頭，從這個推估也跟第一個推論得到一樣的結論。

- 上面這兩個基本面與技術面的推論都得到一樣的結果，因此美元走區間，不會突破 104 走大多頭的情境，應該有 80%的可能。

- 如果發生極端事件，美元再次走大多頭，我們該如何應變？

  (1) 出清新興市場

  (2) 降低股票持倉至 70%以下

  (3) 增加避險部位

- 那會不會發生突破 104 後看起來要走大多頭，結果又再次回落區間，市場又再次走多？我們不排除這種情況，這時候我們只能見招拆招，看看當時情況再決定怎麼買回部位。

  所以，我們投資必須把所有可能的變數與影響都估計進去，並且做到算無可算為止。

  孫子兵法：多算勝，少算不勝，何況無算乎。

  每一次的思考與學習都是為了能夠提升自己投資的勝率。

投資人一定要知道的金融市場基本知識

3.1 全球經濟規模概述

根據維基百科的資料統計，2021 年 4 月全世界的經濟實力，美國仍穩站世界第一，緊接而來的是新崛起的巨人：中國。我們觀察世界的景氣是否好轉與提升，最重要的就是觀察中國與美國的景氣好壞。而且除了美國、中國之外，還要輔佐歐盟與日本全球第三與第四大經濟體

為什麼我們做投資需要研究全世界的總體經濟？不是看公司基本面、技術面、籌碼面、新聞面，這些基本功課就好？

表 3-1 2021 年 4 月全球主要國家國內生產毛額

國際貨幣基金組織（2020 年估計）			世界銀行（2019）			聯合國（2019）		
排名	國家 / 地區	GDP（百萬美元）	排名	國家 / 地區	GDP（百萬美元）	排名	國家 / 地區	GDP（百萬美元）
	世界	83,220,81		世界	87,798,526		世界	87,445,066
1	美國	20,807,269	1	美國	21,433,226	1	美國	21,433,226
2	中國	14,860,775	2	中國	14,342,903	2	中國	14,342,934
3	日本	4,910,580	3	日本	5,081,770	3	日本	5,082,466
4	德國	3,861,550	4	德國	3,861,124	4	德國	3,861,124
5	英國	2,638,298	5	英國	2,868,929	5	英國	2,891,582
6	印度	2,592,583	6	印度	2,829,108	6	印度	2,826,442
7	法國	2,551,451	7	法國	2,715,518	7	法國	2,715,518
8	義大利	1,848,222	8	義大利	2,003,576	8	義大利	2,003,576
9	加拿大	1,600,264	9	加拿大	1,839,758	9	加拿大	1,847,796
10	南韓	1,586,786	10	南韓	1,736,426	10	南韓	1,741,497
11	俄羅斯	1,464,078	11	俄羅斯	1,699,877	11	俄羅斯	1,692,930
12	巴西	1,363,767	12	巴西	1,646,739	12	巴西	1,646,539
13	澳大利亞	1,334,688	13	澳大利亞	1,396,567	13	澳大利亞	1,393,491
14	西班牙	1,247,464	14	西班牙	1,393,491	14	西班牙	1,380,208

資料來源：維基百科

研究投資在筆者學過的體系中，概括可以分成兩大類型：

- 由上而下（Top Down）：從總體經濟開始，由大而小，由小而細，這樣的研究方法以投資 ETF 基金等大類型資金為主要標的。

- 由下而上（Down Top）：從個股公司的角度，來去分析各項成本與獲利的變數，由細而小，小而大這樣的研究方法，通常是投資個股與單一產業為主要的標的。

無論由上到下或由下到上的研究方法，都跟世界的景氣產生關聯。

由上到下的研究範例以美元指數為例，美國總經強弱是美元指數關鍵因素。美元漲跌與原物料走勢相反，因此我們在 2020 年 3 月之後，我們發現美元指數急速的下滑，因此整個原物料的價格開始止跌回升，光是因著上面的訊息，我們可以做什麼？

筆者研究過的一間公司：淡水河谷（美股 ADR：Vale），它是全球最大的鐵礦砂供應商、巴西第一大公司，台灣的中鋼如果要採購鐵礦砂，主要的供應商也是淡水河谷。在 2020 年 3 月美元指數開始波段下跌，就帶動鐵礦砂的價格波段起漲，當鐵礦砂的價格波段起漲，淡水河谷的獲利也開始拉高，股價也就跟著水漲船高。

筆者在 2020 年 11 月發現這個現象，與客戶分享了原物料的族群：必和必拓（BHP：全球第一大礦商、澳洲第一大公司）、淡水河谷（Vale）、自由港麥克莫蘭銅金公司（Fcx：全球第二大銅礦生產商）

但光美元指數的下滑就能代表礦商獲利提高？當然不是的，如果當時全球景氣不佳，鐵礦砂價格拉高之後沒人買，最後鐵礦砂的價格也只能繼續下跌。

當 2020 年 3 月美元走弱之後，後面伴隨而來的是全球利率衰退期的結束。衰退結束之後，原本過度被低估的需求突然之間激增，則變成產能不足了！

除了美元弱勢讓價格變便宜的條件之外，往往伴隨著產業的景氣循環，造就了整個市場價格的變化。

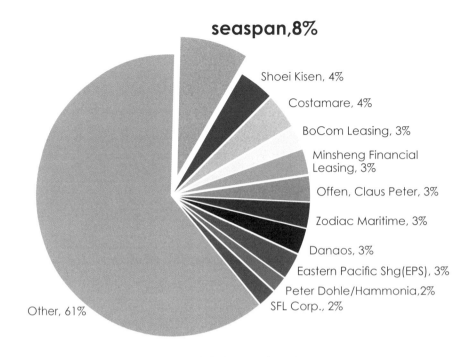

圖 3-1 貨櫃船船商市場佔有率

資料來源：ATCO 公司 2020 年 Q3 季報

　　這其實就是我們所謂的蝴蝶效應，我們從一個小小的點，就能不斷擴大與擴張看到整個經濟全貌。

　　由下到上的研究以西斯班（SSW）公司為例。

　　西斯班公司 2020 年 3 月更名為 ATCO，這一間公司是全球第一大貨櫃船租船公司，世界第一大的貨櫃船船東，台灣的陽明、長榮都有跟這間公司簽訂租賃合約。

　　為什麼這間公司與景氣非常有關聯？我們都知道目前是全球化的時代，台灣生產的半導體都需要透過海運、空運把產品運輸到需求地，而貨櫃船船東恰巧就是這個物流產業上的重要關鍵指標。

　　如果貨櫃船出租業很慘淡，我們可以知道全球經濟與貿易相對不好。

　　如果貨櫃船出租業很興旺，我們就可以知道全球經濟與貿易很好。

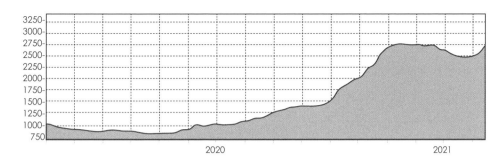

圖 3-2 上海出口集裝箱運價指數

資料來源：https：//www.sse.net.cn 上海航運交易所

2016 年韓進海運破產，而 ATCO 在當時也是創立以來少數 EPS 為負數的一年，這是貨櫃船出租業最慘淡的時刻。當時適逢美元急升的新興市場風暴，整體市場都是相對不穩定的。

而觀察貨櫃船出租業景氣好不好，最重要的指標：上海集裝箱（貨櫃）運價指數。

運價如果高，航運業出租意願與出租價格就容易拉升，有利於貨櫃船出租率與租金價格。

這個指標用來觀察全球景氣與貨櫃船出租業都相當的準確。

在 2020 年我們看到急速上漲的運價指數，即使 2020 年 6 月，當時的 ATCO 股價仍然低迷在 8 元左右，但是我們觀察到上海運價指數開始由低走高，這代表全球的貿易開始回溫，市場準備要復甦了。

果然 2020 年 Q3、2020 年 Q4，全球的主要經濟體美國、中國數據大好，而我們事前就能從上海集裝箱運價指數看出端倪。

筆者也應用這個指數投資個股與抱住其他景氣復甦的相關資產。

從上面兩個例子，我們可以知道無論由上到下、由下到上，都可以觀察全球景氣。而我們本章節主要觀察的目標，就是全球第一大經濟體與第二大經濟體：美國與中國。

美國是全球第一大經濟體，是世界最重要的消費國之一（全球第二大消費國）與全球第一大科技、半導體、網路服務輸出國。

中國是全球第二大經濟體，是世界最大的消費國（進口原物料製造），也是世界的工廠（全球最大的製造業集散地）。

並且美元是美國的貨幣，美國的景氣好壞影響著全球的景氣。美元一旦強勢升值（美國升息），在 2015～2016 年就發生了新興市場風暴。

中國景氣好壞，要觀察全球的景氣。

中國是世界的工廠，全世界的貨品有賴中國製造。Covid 19 發生時，曾經發生過短暫的藥荒，因為中國停工。中國是全世界最重要的製藥原物料的生產國，中國停工，全球的製藥商沒有原料可以製造藥品，造成全球藥荒。

本章接下來，將深入探討這兩個全球最重要的經濟體。

3.2 認識美國

美國是第二次世界大戰之後全球的霸主，直到今天也還沒有單一國家可以抗衡它。在過去的演講中，我第一點會提出來的結論是，找到一個好的國家。

找到一個好的國家，就會有好的產業；有好的產業，我們就能找到好的公司；有好的公司，我們就能夠投資公司，成為股東，讓我們的財富跟隨著公司的成長而成長，進而財富自由。

私募教父趙丹陽：看懂大方向比什麼都重要。

大家一定要意識到，很多時候你的成功是因為你的幸運，待在對的國家、對的時間、對的地方。首先，投資你要選對的就是國家，如果國家選錯了，大前提都錯了，後面也就都是胡扯。

根據趙丹陽這一席話，筆者進入了深層的思考。筆者投資上效法的股神巴菲特，為什麼他會是股神？如果他出生的地點不同，會有不同嗎？

股神是 1930 年 8 月 30 日在美國出生的，如果他不是出生在美國，而出生在台灣，他的命運將如何？

首先我們可以確定的事情：

- 巴菲特如果出生在台灣，他絕對不會是股神。

  台灣證交所 1962 年才成立，至於證券交易興旺，已經是 20 年後，也就是 1981 年以後的事情了。

- 如果巴菲特出生在台灣不會是股神，那麼他的命運將會如何？

  當時台灣處於日治時代，男丁多數被徵召到南洋當兵，後有第二次世界大戰，台灣內部又有多次動盪，是否能存活下來都是問題了。

再者，為什麼蘋果、谷哥、亞馬遜、可口可樂、IBM 這些偉大的公司，崛起於美國而不是台灣，也不是其他國家？

這就必須要更深入一點的思考了，筆者大學唸的是哲學系。

在康德：「純粹理性之批判」中，是最能代表哲學深究問題的精神，追索知識之根據，探究理性概念、原則及判斷的界線以及人類自由的可能性。

近期美國大學更興起一門專業的學問：批判學。

唯有思考，人才能擺脫衝動和成規。 ——杜威，《How We Think》，P.14。

這是一個辯證、監督、質疑的平台，在真理面前沒有權威，不礙於位高權重，不止於歷史經驗，這是一個很深層的文化底蘊。

而這些文化的底蘊造就了無論在政治、經濟、學術、社會上的全面競爭與批判，有能者可以透過批判與辯證得到更新、更好的結論與知識。

因此整個歐美社會是高度競爭力的狀態，尤其是美國在傳承知識、文化、經驗、技術的過程，可以說是人類文明進步最快的歷程，透過不斷的失敗、思想批判、學院制度、研發和研究獎勵、美學培養，新發現與知識，前仆後繼的踩在前人的經驗上更新質變與量變。

整個社會的價值觀與思考方式得以新陳代謝不限於權威，搭配資本主義與社會對新知識的認同以及給予夠高、夠厚重的報酬。

在美國發表新的論文和新的學說，科學家和思想家可以發大財，晉升上流社會和取得財富，成為研究院德高望重的教授。無論是哪一門科學，甚至在台灣不受到重視的哲學、文學、歷史，甚至考古等各領域都行。

歐洲對知識和技術的批判、保護和傳承，建立了很完善的系統，還有條約與著作權可以保障技術人才的知識財產。而這些傳統，在新興國家並不成熟，因此整個社會是很難持續創新的。

一個好的國家必然有成熟的文化底蘊，文化不在於時間長短，而在於它能夠持續辯證、更新。因此一個好的國家，就會誕生一個好的產業，一個好的產業，就會誕生一群好的公司，我們就是透過投資這些好的公司、好的產業、好的國家，進而達成財富自由、資產增值的目的。

再者，我們更深入探討一下為何美國在筆者眼光中，是最有可能延續世界強權的國家？

筆者長期關注人口增長與經濟消長的數據，擺在我們眼前的例子就是日本。日本自從房地產泡沫以來，歷經了失落的 20 年，而目前正在往失落的 30 年邁進，即使日本前首相安倍晉三他射了 3 箭、4 箭、5 箭，都很難再將日本的通膨與成長率刺激向上。追根究底在於一個關鍵因素：人口老化與人口衰退。

・ 日本為人口衰退中國家。

・ 日本新生兒數量越來越低。

上述兩點會造成什麼影響？我們就從 GDP 的角度來看：

GDP＝G（政府支出）＋I（投資）＋C（個人支出）＋（X－M）（出口減進口）

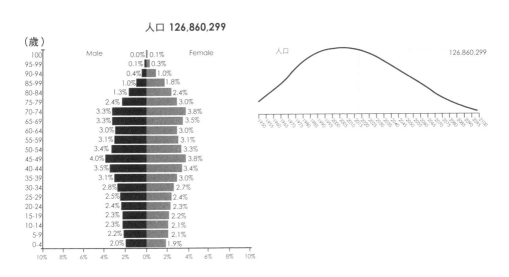

圖 3-3 日本人口分布與成長

資料來源：https：//www.populationpyramid.net/

那麼人口降低會造成什麼影響？

· 人口降低會造成政府稅收降低，稅收降低將造成政府支出降低，導致 G 降低。

· 人口減少也會讓整體產業需求降低，因此會影響企業投資意願，導致 I 降低。

· 人口減少之後，假設消費不變，但因為總數減少，因此整體的 C 也降低。

　　因此我們從 GDP 的角度，就可以看到人口減少對整個 GDP 都會產生顯著的影響，而美國的數據恰巧跟日本相反。

· 美國的人口持續增長。

· 美國的出生雖然沒有顯著提高，但是也沒有顯著衰退。

· 美國與日本不同，美國是歡迎移民的，日本則是比較封閉。

　　因此，日本與美國的經濟消長將會呈現完全不同的發展，美國將持續進展，日本仍持續陷入泥沼。再者推動科技經濟社會，產生全面變革的思想，

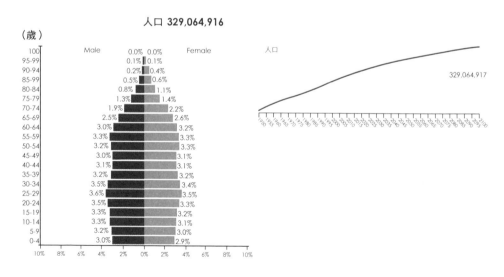

圖 3-4 美國人口分布與成長

資料來源：https：//www.populationpyramid.net/

通常出現於學院內部。要更新變革，就需要一個可以接納不同聲音、不同想法，甚至有時候是無關對於真理執著的挑戰，這需要一個可以包容的社會。

而美國就是這樣的社會，因此，無論商學院、理學院、工學院、人文、藝術等各類型的頂尖大學，大多數都出現在美國。美國一國佔了前十名的二分之一，並且前三名都是美國大學。

從上面的文化、人口與學術三個角度去看美國，它都是目前世界上最優秀的國家之一，並且經濟成長與影響力都是世界第一，在全球經濟上也是舉足輕重。

台灣的護國神山是台積電（2330），如果大家有興趣翻開台積電前十大客戶，大家應該也可以發現美國公司是台積電最大的客戶，台灣的景氣也跟美國是連動且密不可分的。

投資一個對的國家，就是一個最好的選擇，而美國是全球最大經濟體，也是全球第二大消費國，更是全世界科技、經濟、文化的重鎮，如果以長期投資 10 年、20 年的眼光來看，投資美國應該是目前最穩健的選擇。

表 3-2 2021QS 世界大學排名（更新時間:2020／6）

排名	國家	英文名	中文名
1.	美國	Massachusetts Institute of Technology	麻省理工學院
2.	美國	Stanford University	史丹佛大學
3.	美國	Harvard University	哈佛大學
4.	美國	California Institute of Technology	加州理工學院
5.	英國	Oxford university	牛津大學
6.	瑞士	ETH Zurich-Swiss Federal Institute of Technology Zurich	蘇黎世理工學院
7.	英國	University of Cambridge	劍橋大學
8.	英國	Imperial College London	倫敦帝國學院
9	美國	University of Chicago	芝加哥大學
10	英國	(UCL)University College London	倫敦大學學院

資料來源：QS，Quacquarelli Symonds

3.3 認識金融界的老大：美國的聯準會

在前面章節，我們確認過美國不止是數字上很亮眼，並且還有一個很適合長期發展的文化底蘊，以及有保護智慧財產的機制，讓美國有持續向上的動力。

這麼一個強大的國家，還有什麼值得我們探討的？

我們理解歷史與美元的地位，還有理解美元對金融市場的影響，我們就必須更深入知道影響美元與無風險利率方向及趨勢的最重要機構：美國聯準會。

美國聯準會有三大任務：擴大就業、穩定物價、調控長期利率。

時至今日，聯準會的職權日益擴展，包括：執行國家金融政策、監管金融機構、維持金融體系穩定，以及為存款機構、美國政府與外國官方機構提供金融服務。聯準會還會進行財經現況研究、發布相關報告、聯準會的動向，也變成影響美元走勢與美國利率最重要的機構。

甚至可以擴大的解釋：理解聯準會的動向，就可以先行知道未來市場的動向。

前面我們也討論到，美國十年期公債殖利率與美元就是投資市場上最重要的兩大影響與定價因子，因此，當這兩個影響與定價因子產生改變之後，整個市場的資產定價就需要相對應的做出反應。

而美國聯準會是有足夠的影響力，美元與美國十年期公債殖利率的機構。說得更白話一點，美元的強弱與美國聯準會的貨幣政策有絕對的關係。美國十年期公債殖利率更是與美國基準利率成正比，而美國基準利率就是由美國聯準會的決議做出調整的，美國聯準會可以說是調整美國十年期公債殖利率的推手。

而 FED Watch 的預估，更是有先行市場反應的功能。何謂 FED Watch？

CME Group 公布的聯準會利率區間所在位置的機率，可看出市場預測未來聯準會將升/降息幾次。他們會在每次 FED 會議後提供利率點陣圖。

我們可以看到在 2020 年 1 月 FED Watch 一片升息聲中，看到利率預測數字開始變化，從升息改成降息。

2020 年 2 月隨著 Covid 19 的疫情逐漸擴展，FED Watch 的利率預測也產生變化。

2020 年 2 月 7 日的 FED Watch 跟上月的預期完全不同，原本還看得到升息的機率，現在則完全改成降息，甚至還看到降息 2 碼、降息 3 碼。

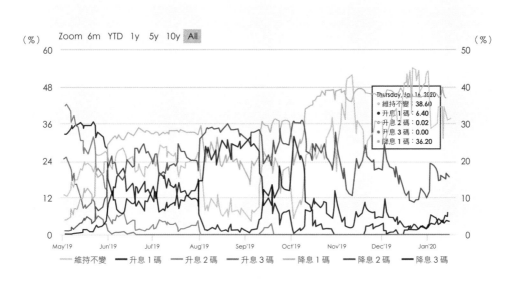

圖 3-5 FedWatch升降息次數機率（2020／01）
資料來源：財經 M 平方與作者整理

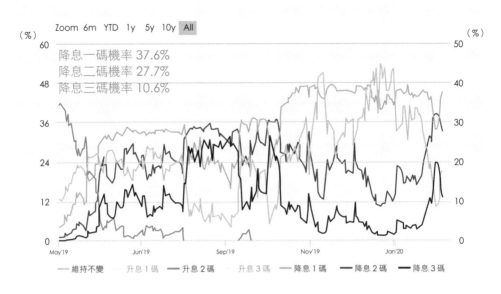

圖 3-6 FedWatch升降息次數機率（2020／02）

資料來源：財經 M 平方與作者整理

　　身為專業的投資者，當我們確定一件事情，未來降息的機率為 100%，關鍵是降息幾碼的時候，那我們該如何反應？

　　如果您有看過前面幾篇的介紹，應該可以知道有幾個關鍵的商品價格會受到這樣的趨勢所引導。

· 當 FED 採取降息措施的時候，必然是因為景氣發生問題。

· 當 FED 採取降息，就會導致美國十年期公債殖利率的降低，美國十年期公債殖利率的降低，就會讓美國公債的價格向上。

· 如果您再多掌握一個關鍵數字，美國公債與美股的相關係數為-0.8，這意味什麼？只要美國公債價格向上的時候，有非常高的機率讓美國股市呈現反向的效果，也就是美國股市有較大機率會向下波動。

所有的現象都是發於毫末，落一葉而知秋，都是從小小細微的現象開始慢慢演進擴散的。而筆者在實務上，最後一筆買進大金額的美國公債就是 2020 年 2 月 17 日；在這之前，2019 年筆者一整年都請投資人加碼美國公債，兩週後，美國公債開始飆漲，因為 Covid 19 正式爆發，開始影響全球經濟。

　　到了 2020 年 3 月 4 日，筆者再次針對客戶做線上說明會。2020 年 3 月 4 日的 FED Watch 跟上一個月不同的是，市場預期降低更多的利率。同一時間，美國公債也因為這個預期開始飆漲。

　　最終，美國聯準會在 2020 年 3 月連續降息 2 次，2020 年 3 月 3 日宣布降息 2 碼，緊接著 2020 年 3 月 16 日，迫不及待的在 2020 年 3 月 19 日利率會議之前，就緊急宣布降息 4 碼，將聯邦基準利率降低到 0%～0.25% 之間，而美國公債歷史最高點就是出現在 2020 年 3 月 10 日歐洲盤開盤的時間點。

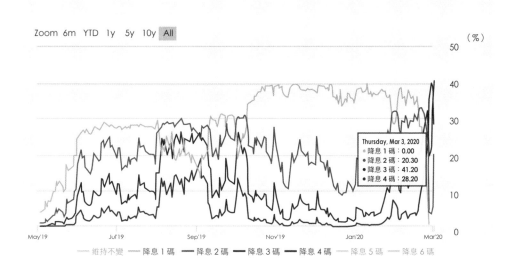

圖 3-7 FedWatch升降息次數機率（2020／03）

資料來源：財經 M 平方與作者整理

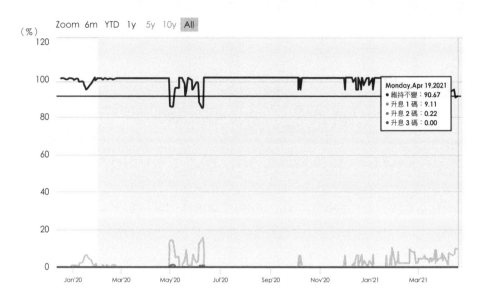

圖 3-8 美國-FedWatch 升降息次數機率（2021）
資料來源：財經 M 平方與作者整理

那麼 2021 年 4 月美國聯準會的 FED Watch 又呈現什麼樣的狀態？其狀態是稍稍因為通膨的關係，讓市場有一些升息的預期產生。但是有非常高的機率，2021 年不至於發生升息的狀況。

因此，當我們看到 2021 年 4 月 FED Watch 的狀況，我們就可以不用太擔心目前聯準會會因為景氣很好，改變它的貨幣與利率的政策：從寬鬆到緊縮，從鴿派變為鷹派，直到我們看到 FED Watch 內容有很顯著變化的時候。

圖 3-9 為芝加哥商品交易所（CME Group）公布的聯準會利率區間所在位置的機率。

並且以 2021 年 4 月的利率點陣圖來看，最快升息的時間點也會落在 2022 年之後。

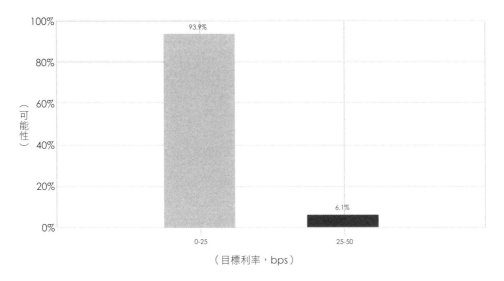

圖 3-9 芝加哥商品交易所對 2021 年美國利率的機率預估

資料來源：芝加哥商品交易所 https：//www.cmegroup.com

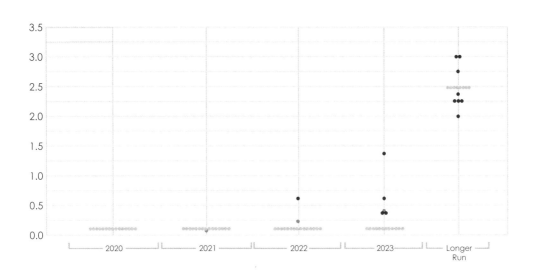

圖 3-10 美國利率點距陣圖

資料來源：芝加哥商品交易所 https：//www.cmegroup.com

我們觀察美國聯準會的動態，最簡易的方式就是觀察 Fed Watch，至於聯準會的歷史與功能，我們就不再本書贅述。身為市場投資者，必須要學會的就是有能力判讀聯準會的預估。

　　聯準會是足以影響美元與美國十年期公債殖利率的關鍵角色，也是我們在投資上面最重要、最需要關注它所有一舉一動的單位。

　　當然美國聯準會身為美國的一個單位，自然就是以美國利益為優先，因此觀察美國聯準會的先行指標，應該是美國白宮的一舉一動。不過這已經超出筆者的能力範圍之外了，因此我們投資人應該要做好的一件事情：在自己能力範圍與認知中，做到盡善盡美、算無可算為止。

　　孫子兵法：多算勝，少算不勝，何況無算乎。

3.4 認識美國的景氣先行指標

深入了解美國，也需要了解美國 GDP 的組成。我們都知道美國是世界的市場，並且美國的消費是全世界數一數二的。如果今天美國人都不消費了，那麼全球的經濟很容易就陷入泥沼。

美國是一個消費為主的國家，鴻海創辦人郭台銘在 2020 年 3 月在新聞表示：「如果美國不消費，或都改成在家買東西，這對經濟復甦力道的影響才是關鍵」，說明了全球景氣與美國消費的重要關係。

但是我們怎麼能夠知道美國的消費好不好？強不強？筆者就用自己的重點觀察指標，來推論美國消費數字未來的狀況是否能支撐現在的景氣與股價。

這些數據多是景氣先行指標，具有預測未來景氣好壞的功能，可以適時的推估目前股市價格的合理性（股市也同為景氣領先指標）。

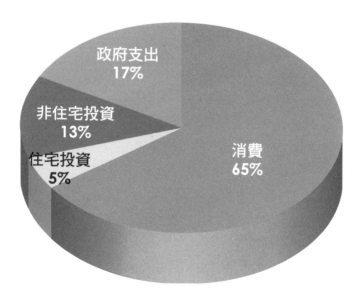

圖 3-11 美國國內生產毛額組成

資料來源：美國統計局 https://www.bea.gov 與作者整理

筆者使用的關鍵數據分為三大項：

- 初領失業救濟金

- 製造業、服務業 PMI 與 PMI 細項的觀察

- 消費數據與可支配所得

3.4.1 初領失業救濟金

美國每週初次領取失業救濟金的人數，可預先反應美國每週的失業率變化，每週公布一次，被視為預測失業率及非農就業報告先行指標。

這個數據的資料來源是美國勞工部（U.S. Department of Labor）

每週公布一次數據：每週四公布上週的數據

為什麼初領失業救濟金會跟景氣做出連動？

這個問題可以從自己的角度來思考了。如果今天我們突然之間收到公司的命令，請你就做到今天為止，明天開始你不用到公司上班了。這時候我們會做什麼？

除了心情受到打擊，晴天霹靂之外，大多數人會開始擔心我下個月的房貸、車貸、電話費、吃飯錢哪裡來？因此收到這個消息之後，多數人會把週末原本吃好料的餐廳取消，準備要出遊的取消，原本要換的新 iphone 取消，把預計換車、換房子的時間遞延，因為不確定性產生了。

這時候我們會開始找新的工作（美國人儲蓄率偏低，他們的習慣是這個月就開始花下個月的收入，因此遇到失業的時候，大多數人因為沒有儲蓄，所以消費會一瞬間減少很多），如果這時候外界的景氣很好，那麼失業的我們會很順利的在短期間內找到工作。

但是如果真的很努力找工作，並且認真的找了三個月，還是找不到，那麼現在就業市場發生什麼情況了？應該是景氣開始轉壞，並且開始影響到就業市場了。

而我們實際在應用這個數據的時候，會用一個簡單的指標來觀察。

資料來源可以自行下載美國勞工部的數據，並且用 Excel 製圖。筆者在這提供想法，不提供實際數據。

· 最近 3 個月的初領失業救濟金人數的平均值，季平均當作基準，因美國有時候會因為巨災，導致初領失業救濟金有季節性的大波動，因此不宜只使用短期間的數據。

· 加上最近 12 個月的初領失業救濟金的平均人數，當作長期趨勢。

當短期季平均大幅度超越年平均的時候，我們可以確定一件事情，這時候的就業市場狀況很糟糕。並且當就業市場很糟糕的時候，未來影響消費與景氣的機率是 100%，這時候我們就要很謹慎地思考：是否景氣轉壞，我們要降低風險性投資了。

另外，財經 M 平方也提供了相關數據可供參考：初領出業救濟金連續四週的平均值，以及連續請領失業救濟金的人數。

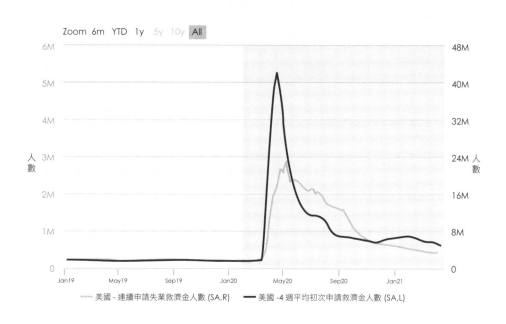

圖 3-12 美國-初次與連續申請失業救濟金人數
資料來源：財經 M 平方

　　美國零售銷售額（Retail Sales）由美國商務部普查局（U.S. Census Bureau）針對全美零售業以隨機抽樣 12,000 家企業方式統計而來。如果需要原始資料可以到美國商務部網站查詢。

　　這個數據通常是景氣好壞的表徵，並沒有先行股市的功能，但是可以作為過去景氣榮枯的確認。

　　看完過去的趨勢之後，針對消費行為，筆者最喜歡觀察可支配所得。

　　什麼是可支配所得？筆者用白話文來說明，當我們拿到薪水之後，必須先扣除基本開銷與必要消費，例如：稅金、水、電、瓦斯、電信、車貸、房貸等必需性支出之後，剩下的資金就叫做可支配所得。我們可以自由拿它來做其他我們喜歡的消費，買奢侈品、看電影、投資等相關行為。

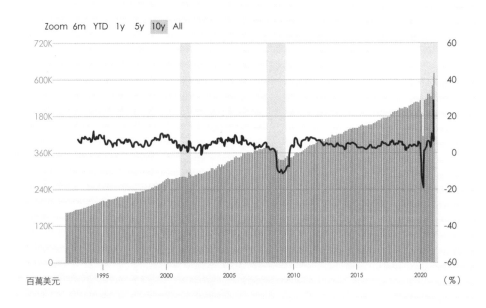

圖 3-13 美國-零售銷售值與年增率
資料來源：財經 M 平方

當可支配所得越高的時候，我們能做的額外消費就越高，也就代表潛在的消費力道越強，因此可支配所得是消費的重要先行指標之一，也是筆者觀察消費力成長與否的關鍵。

下面數據的「個人可支配所得（Disposable personal income，DI）」為個人當期收入，扣除當期應繳納之直接稅（Direct taxes），包括個人所得稅、財產稅以及非營利團體所負擔的稅。個人可支配所得可供個人與非盈利企業用於消費與儲蓄的數字。

美國是一個消費立國的國家，當我們看到可支配所得的數字絕對值不斷上升的時候，就可以代表未來的消費金額有機會跟著可支配所得數字增加而增加。

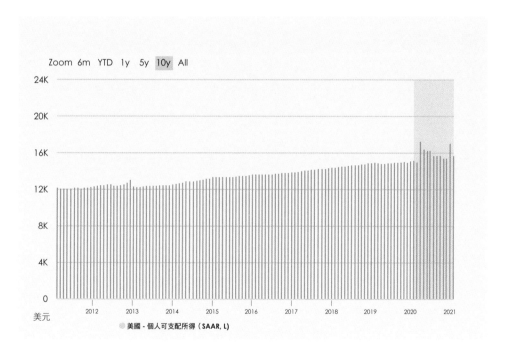

圖 3-14 美國-個人可支配所得

資料來源：美國商務部、財經 M 平方

那麼為什麼可支配所得會持續上升？原理很簡單，可支配所得會上升最大的原因就是：薪資提升。

當可支配所得提升的時候，如果它的提升原因來自於薪資的提高，那麼也就可以間接的說明整體景氣是向上的，不然老闆不會好心到幫員工加薪，台灣的薪資已經連續 20 年呈現超低成長。

3.4.3 製造業與服務業 PMI

什麼是採購經理人指數？採購經理人指數（Purchasing Managers Index，PMI）是一綜合性指標，指標的實際做法：每月對受訪企業的採購經理人進行調查，並依調查結果編製成的指數。

採購經理人（採購經理）通常是指企業中負責採購原料或產品或設備之採購金額的最高層級負責人；以製造業而言，通常由採購相關部門（採購、資材、供應鏈管理等）經理級以上高階主管填寫問卷，少數則由財務相關部門高階人員填寫。至於非製造業因較無實體存貨概念，難以直覺定義採購經理人，問卷可能由商品企劃部、公共事務部、投資部或財務部等高階主管填寫。

美國採購經理人指數由 ISM（Institute for Supply Management）編製，調查範圍包括製造業與非製造業。其中，製造業以新增訂單數量、生產數量、人力僱用數量、存貨，以及供應商交貨時間等 5 項細項擴散指數（Diffusion Index）綜合編製而成；非製造業組成項目則包括商業活動、新增訂單數量、人力僱用數量，以及供應商交貨時間等 4 項擴散指數。

簡單來說，一家公司對於未來景氣好壞預估最實質的反應為何？從公司備料的角度就可以看出來。如果一家公司非常看好景氣，那麼他們在採購新的原物料的時候，就會相較於景氣不好時的量更大，並且囤積更多的存貨，而當公司產能有限的時候，人資部門也會動起來，擴大人力需求與設備需求，反之，如果景氣不好，以上的行為會剛好相反。

這些數據是在公司實質獲利之前，因此這是一個先行指標。

採購經理人指數是現在很重要的景氣參考依據，並且當整個採購經理人指數包含了整個製造業或整個服務業的時候，更可以深入的知道整個國家的景氣好壞。

採購經理人指數介於 0%～100%之間，若高於 50%，表示製造業或非製造業景氣正處於擴張期（Expansion）；若低於 50%，表示處於緊縮期（Contraction）。

如果打算使用這個指標當作依據，可以上美國供應管理協會（Institute for Supply Management，ISM）取得原始資料。或是直接使用台灣的網站：財經 M 平方，也有相關資料。

就以 2021 年 3 月份來看，無論製造業或是非製造業的數據都非常的好！

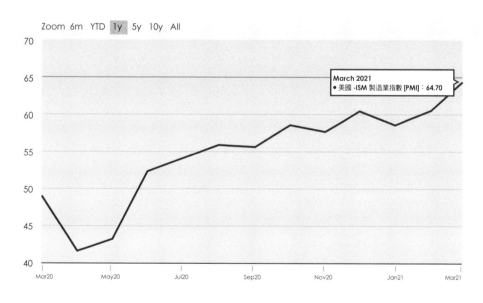

圖 3-15 美國-ISM 製造業指數〔PMI〕

資料來源：財經 M 平方

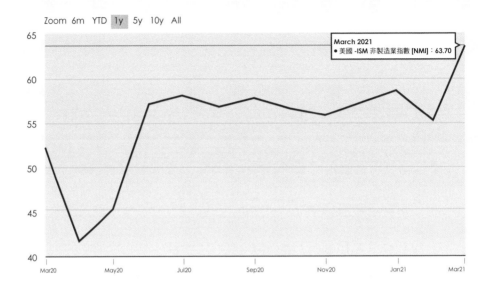

圖 3-16 美國-ISM非製造業指數〔NMI〕

資料來源：財經 M 平方

　　我們如何從上面的數據中看到美國景氣的面貌？筆者的邏輯是這樣的：過去研究過多次景氣循環，發現初領失業救濟金是可以事前預知股市的崩盤。

　　當初領失業救濟金 3 個月的平均值與 1 年的平均值產生黃金交叉，意思是短期初領失業救濟金平均值高於 1 年的平均值，通常這代表景氣轉壞的一個重要訊號。

　　而過去的經驗中，他成功預測到 2000 年科技泡沫與 2008 年金融海嘯，大約都在市場崩盤前的 1 個月左右，而近期的 Covid 19 則沒有領先的功能。

　　因此筆者在應用這個數據的時候，用意在於避免景氣轉壞時，我們仍沒有任何防備。

　　而初領失業救濟金，會直接影響消費數據的好壞，這兩個數據之間是有因果關係的。

如果初領失業金的人很少，第一、可以代表美國失業率會降低，第二、同一時間帶來的就是因為就業市場緊縮，人力缺乏，因此有助於薪資的提升，一旦薪資提升之後，可支配所得又會提高。

　　因此，光是憑藉著初領失業救濟金的數據好壞，就可以推測消費數據未來的可能走勢。

　　當初領失業救濟金數據不錯，並且佐以消費數據不差，最後筆者還會針對製造業與非製造業 PMI 做分析，當數據都超過 50 以上，也就是在榮枯線之上，這是確認目前景氣，同時針對未來景氣也會相對穩定的雙重驗證。

　　在就業市場、消費市場、甚至是供應鏈的先行指標，都互相呼應，那麼就可以確認景氣的看法正確率是很高的。

　　如此一來，就可以確保不會因為單一數據本身的偏差，造成我們對景氣認知的錯誤，我們就可以從這些數據中，確認景氣相對的好或是壞。

　　我們從了解美國 GDP 結構中發現消費是美國 GDP 比重中最高的，因此只要我們能確定美國的消費數據沒有問題，全世界的上游製造業大國：中國的數據也會相對比較穩定，而以出口為主的台灣，也會因為美國的榮景而相對獲益，這些總經數據是互相關連、環環相扣的。

　　我們所謂：「以小明大，見一落葉而知歲之將暮；睹瓶中之冰而知天下之寒。」正是這樣的道理，從小的數據就可以窺探景氣的全貌，由小而大。

　　確認景氣無虞，並且成長也無虞，那麼我們在投資股票與相關產品上就能更篤定，不會受到短期波動就急著賣出手上的部位，也因為景氣無虞，我們才能長期持有。一旦發現景氣有問題了，我們也可以順勢調整部位，趨吉避凶。

　　孫子兵法也說了：「一曰度，二曰量，三曰數，四曰稱，五曰勝。地生度，度生量，量生數，數生稱，稱生勝。」

　　我們必須要審時度勢把總經、景氣、各項數據及政治變化等都進行確認，這樣投資勝率才會提高。勝率提高了，我們才能稱作勝利了。

3.5 認識中國

如果投資只能研究兩個國家，第一個我會選擇美國，因為美國的貨幣以及利率都是世界上最重要的資產定價模型，如果要選擇第二個國家來研究，那麼我就會選擇中國了。

全世界大多數重要的原物料以及貨品製造地，就是中國，例如：我們現在人手一支的手機，產地很多都是中國，甚至這次 Covid 19 造成全世界動盪，中國的原料藥廠多數停工，這一停工，造成了全球缺藥荒，全球有近半數的原料藥是從中國生產的，無論製藥大國美國、印度都受到了一定程度的影響。

中國是世界的工廠，目前也是全球重要貨品的製造地與供應商，這是我們不得不認識的一個國家。雖然他們的統治體系可能與民主陣營不太相同，但是站在投資的立場，我們必須要認識這個國家。

中國是全世界第二大經濟體，GDP 成長率也是全球大國中的前幾名，過去成長率是第一，近期印度與東南亞成長率有迎頭趕上的趨勢，但是不可否認，以中國這麼巨大的經濟體，每年只要成長 3%就是非常驚人的數據，而中國最近十年的經濟成長率超過 6%，這是非常可怕的數字。因此中國目前已經是世界第二大經濟體，假以時日，成為世界第一大經濟體也是非常可能的。並且 2020 年在 Covid 19 肆虐之下，中國是少數維持正成長的國家，這一點是非常驚人的。

但是細究中國 GDP 組成，我們發現與其他國家非常不同的的地方。中國在 GDP 組成中，有幾點與他國相比是比較奇特的：

- 中國 GDP 中，消費只佔了 GDP 比重的 40%，但是一般國家比重應該介於 50～70%之間

- 中國 GDP 中，投資也佔了 GDP 比重的 40%，這代表中國 GDP 成長大多數是因為民間投資，而這民間投資當中，大多數是房地產，這就造成了中國房地產市值占 GDP 比重世界最高的約 30%。與當時日本房地產泡沫時代相比，日本房地產總值是 GDP 的 200%，但是目前中國房地產的總值是 GDP 的 400%以上，這是世界上少有的情況。

以一般國家來說，正常的投資比重應該落在 20%以下，其中以 10%～20%
居多。

- 中國的政府支出，目前趨勢是向上的，而且比重有越來越高的趨勢。這代
表政府正積極的做基礎建設，但過多的基礎建設也只會造成過多的蚊子
館：這是過去台灣的經驗，怎麼把資源做適度的配置，是目前中國的考
驗。

除了結構性的問題之外，在數字的表現上，中國絕對可以稱作是絕無僅有
的大國，無論成長率或是成長數字的絕對值都一樣。

根據世界銀行（World Bank）的官方數據和《貿易經濟學》（Trading
Economics）的預測，2019 年中國的國內生產總值（GDP）為 14,342.9 億美
元。中國的 GDP 產值佔世界經濟的 11.81％

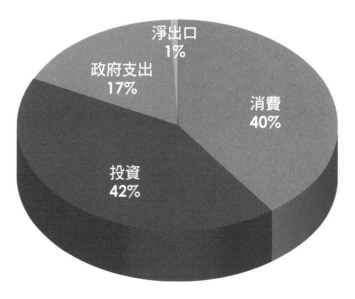

圖 3-17 中國 GDP 組成

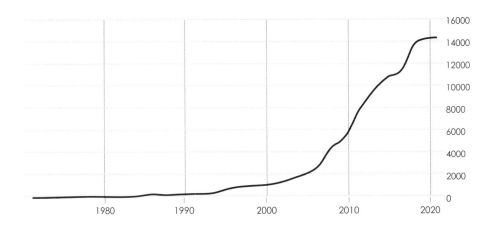

圖 3-18 1960 年至 2020 年中國 GDP 金額（百萬美元）

資料來源：https://tradingeconomics.com/

　　2021 年第一季，中國經濟同比增長 18.3％，相比 2020 年第四季度的 6.5％ 大幅增長，而市場預期為 19％。這是自 1992 年以來最強勁的擴張，因為國內外需求的增長以及持續的財政和貨幣支持。最新數據反映出 2020 年比較基準較低，當時由於 Covid 19 震盪，而經濟活動大幅下降。

　　根據中國官方預計，到 2021 年，經濟增長將超過 6％。

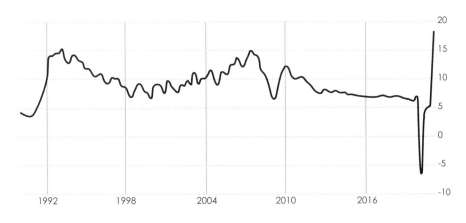

圖 3-19 中國 GDP 成長率（1992～2019）

資料來源：https://tradingeconomics.com/，資料查詢日期 2021 / 04 / 28

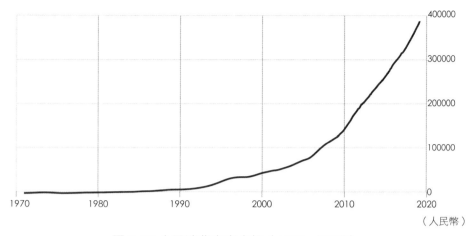

圖 3-20 中國消費支出金額（1970～2020）

資料來源：https：//tradingeconomics.com/，資料查詢日期 2021 / 04 / 28

再者中國的消費比例雖然比一般國家的比例偏低，但是仍佔了整體 GDP 比重的 40%，並且這 50 年以來的成長驚人。

圖 3-20 為中國消費支出金額，絕對數字成長驚人。這個數據持續維持著平均 3～4% 的成長率，因此中國消費力量也是越來越強勁。

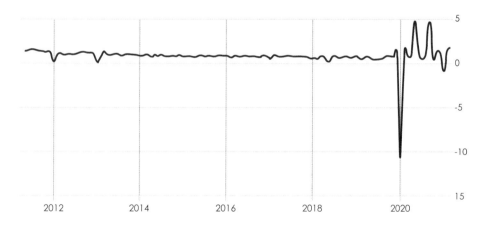

圖 3-21 中國消費支出成長率（2012～2020）

資料來源：https：//tradingeconomics.com/，資料查詢日期 2021 / 4 / 28

中國是全球豪華汽車、奢侈品以及一般消費的重點大國，以 LV 集團財報中公布，中國目前是僅次於美國的消費市場。甚至賓士集團在 2019 年的報告指出，中國賓士每年以兩位數的成績快速增長，中國賓士汽車的銷售佔了全球銷售近 3 成比重，中國的消費是全球最重要的市場之一。

再者，中國是世界的工廠，即便它也是天然資源豐富的國家，產油、產煤、產鐵、產黃金、產各類型寶石，都是世界前五名，但因為中國工廠必須提供全世界的消費需求，即使天然資源豐富，仍是不足以滿足中國製造業的需求，因此中國也是全球第一大原物料進口國：石油、銅、鐵礦砂、煤炭等基礎工業原物料，都以中國為最大進口國，並且佔了全球需求量的 5 成以上。

因此中國製造業的 PMI，可以當作是全球終端消費需求的前哨站，中國製造仍是世界最重要的貨品來源。

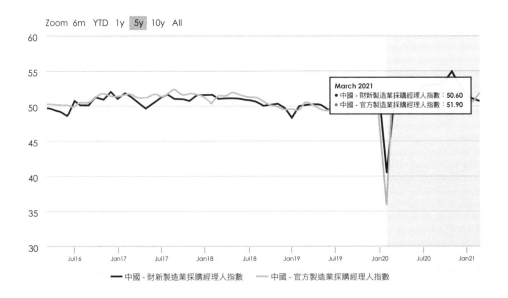

圖 3-22 中國製造業 PMI

資料來源：財經 M 平方，資料查詢日期 2021 / 4 / 28

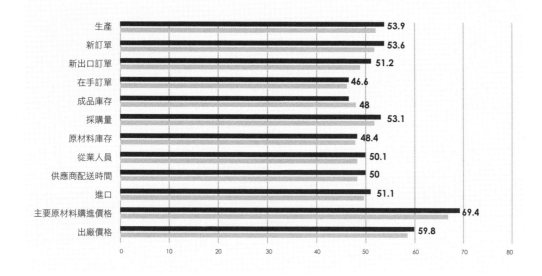

生產	53.9
新訂單	53.6
新出口訂單	51.2
在手訂單	46.6
成品庫存	48
採購量	53.1
原材料庫存	48.4
從業人員	50.1
供應商配送時間	50
進口	51.1
主要原材料購進價格	69.4
出廠價格	59.8

圖 3-23 中國-官方製造業PMI細項
資料來源：財經 M 平方，資料查詢日期 2021 / 4 / 28

2021 年 3 月，無論是財新公布或官方公布，都高於 50 以上。2021 年 3 月 中國製造業 PMI 細項，新訂單的數據更高於上個月。

因此，我們觀察中國製造業的 PMI 數據，大致上就能了解全球的景氣是否持續復甦之中。

並且可以搭配另外一個數據：上海集裝箱運價指數。這個指數是說明上海到全世界貨櫃運價是多少，如果目前景氣很差，集裝箱的運價就會相對低，反之，如果集裝箱的運價上漲，那麼就代表世界的景氣相對提高變好。

就以上海運交所最新的資訊：集裝箱運價指數持續創高，也呼應了中國製造業持續復甦的態勢。

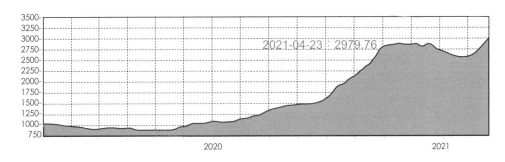

圖 3-24 上海出口集裝箱運價指數

資料來源：上海運交所 https://www.sse.net.cn/，資料查詢日期 2021 / 4 / 28

最後我們觀察中國服務業的 PMI。中國服務業 PMI 因 2020 年基期相對非常低，目前整體數據非常的好，來到財新的數據是 54.3，官方公布的數據是 56.3，這是近 5 年以來相對最好的時刻，意味著中國的景氣復甦持續中。

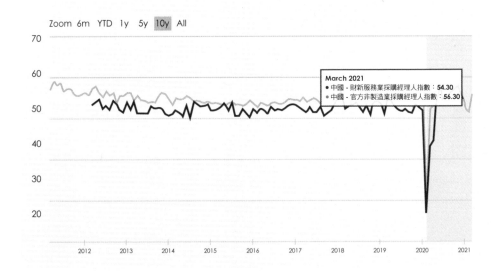

圖 3-25 中國-非製造業NMI

資料來源：財經 M 平方

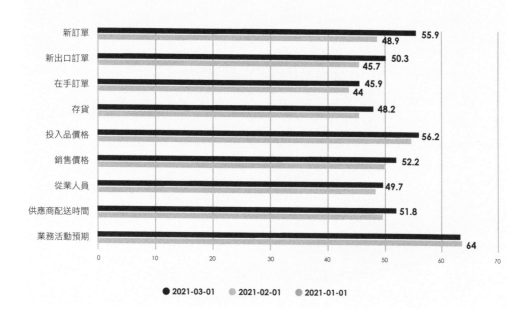

圖 3-26 中國-官方非製造業指數細項
資料來源：財經 M 平方.

最後我們觀察中國服務業的 PMI 的細項，資料查詢日期 2021 年 4 月 28 日。我們可以清楚看到新訂單指數來到了 55.9，這代表非製造業的景氣將有機會延續，並且延續的力道還相對強勁

中國是世界的工廠，並且目前中國正逐漸轉變成世界的市場，中國的影響力持續擴張。根據 2020 年的最新資訊，中國 GDP 全球佔比來到了 18.15%，僅次於美國，對世界的影響力也持續擴張。

並且對於十四五規劃，提供了我們中國官方對未來走向的確認。

對三大目標：1. 消費結構的優化，2. 新能源車產業，3. 科技經濟，我們須持續觀察未來中國的發展。中國是我們不可忽視的市場。

3.6 認識澳洲

澳幣是台灣人持有最多的重要貨幣之一，也是全世界最重要的原物料供給國。

過去執業的過程中，很多朋友手上有很多澳幣，多數是在 2012～2014 年中間，因為銀行理專的大力推薦，說澳幣已經來到海嘯後相對低點，請客戶加碼換匯，因此多數客戶就將手上的美元、台幣換成澳幣。2012 年平均換匯在澳幣兌美元 0.98～0.92 之間，第二批換在 2014 年 0.92～0.88 之間，而 2021 年 4 月的匯率是 0.77，仍是嚴重匯損超過 15%。

我們在執業的過程中，很多朋友都只是聽從理專的建議就去做換匯，因為過去可能定存利息高於台灣的定存，加上澳洲過去的經濟不錯，因此就去做了這樣的投資決策，但是他們都忽略了去做澳洲基本面的分析。

因此，我們對澳洲的經濟環境做一個簡介。隨著中國大陸需求的降低，澳洲也受到中國的影響，過去礦業投資熱潮造成勞工短缺及排擠其他經濟部門發展之不利效應已漸消除，惟大陸為澳洲礦產最大出口市場，澳洲因煤、鐵等礦產出口過度依賴大陸市場，經濟易受到大陸經濟榮枯之牽制。大陸經濟成長逐漸放緩，對澳洲經濟及出口造成影響，目前澳洲加強推動服務業發展，以降低衝擊。

澳幣 2011 年至 2021 年匯率不振，為什麼？

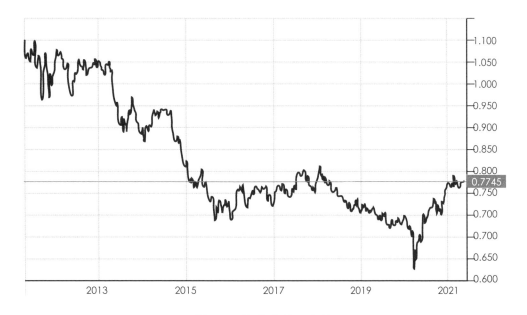

圖 3-27 澳幣兌美元走勢

資料來源：https：//tradingeconomics.com/

　　因為它過去重壓單一市場，過度依賴中國的礦業需求，導致產業失衡，進而其他產業受到排擠，澳洲政府因此希望轉變過度依賴中國的出口模式，未來的幾年內，澳洲將會慢慢的質變！

　　但是經濟轉型並非一朝一夕，澳洲官方預估至少在 2026 年之前仍會與中國景氣息息相關，中國景氣的榮枯會直接影響到澳洲的經濟狀況。

　　澳洲基本面介紹：澳洲幅員 769.2 萬平方公里，面積排名全球第 6 位，約等同美國本土面積。因採開放移民及鼓勵生育政策，2018 年 5 月人口達 2,492 萬人，居全球第 51 位。

　　根據澳洲外交暨貿易部（DFAT）發布之 Australia is a top 20 country 資料所示：澳洲係全球鐵礦砂、煤礦、鋁礦砂及未鍛煉鉛最大出口國，黃金、鉛礦及工業用鑽石生產全球第二大出口國。液化天然氣（LNG）出口排名全球第二大出口國，鈾礦、鋅礦、鋯石及珍珠全球第三大出口國，黃金全球第六大出口國。

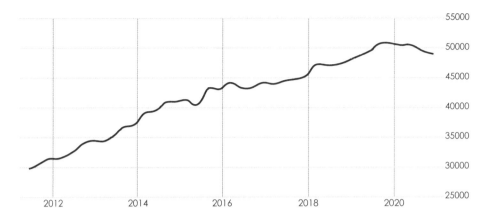

圖 3-28 澳洲礦業的生產毛額（單位百萬澳幣）

資料來源：https：//tradingeconomics.com/

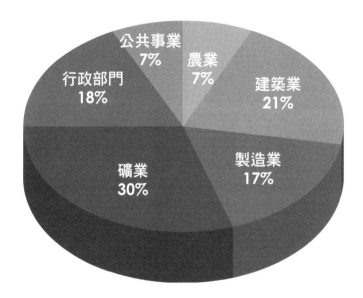

圖 3-29 澳洲國內生產毛額的組成

資料來源：https：//tradingeconomics.com/ 與作者整理

澳洲的經濟極度依賴礦業，而中國是全球礦業最大的需求國。

由圖 3-29 可以發現，光是第一級產業：農牧業＋礦業，就佔了澳洲 GDP 組成的三分之一以上，這在七大工業國（G7）中是很少見的。

澳洲是全球牛肉、羊毛以及鷹嘴豆（chickpeas）最大出口國；全球最大羊毛出口國；第四大糖出口國；第四大棉花出口國；第六大葡萄酒出口國；第九大蔬菜及第 10 大乳製品出口國。農礦產品外銷約佔全澳出口總值 80%。

除了上述的數據，澳洲的經濟跟農礦非常相關，並且澳幣的走勢與鐵礦砂價格的走勢也有很深的牽引。

筆者過去用彭博（Bloomberg）回測的結果是，澳幣與鐵礦砂相關係數達 0.76，屬超高度正相關。近期使用財經 M 平方的系統回測 2010 年 1 月至 2021 年 4 月 25 日，澳幣與鐵礦砂的相關係數為 0.608。而且澳幣的上漲反應先於鐵礦砂的價格 20 天。

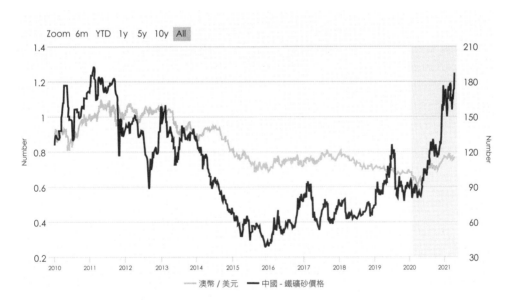

圖 3-30 澳幣匯率與鐵礦砂的關係

資料來源：財經 M 平方

這有重要的意義，鐵礦砂上漲，澳幣就上漲，互依互存。因為下鐵礦砂訂單用澳幣，因此需求方會先換澳幣才下訂單，因此澳幣會先行反應。

那為什麼澳幣與鐵礦砂有這麼緊密的關聯？鐵礦砂的出口又與中國有很深的關係？

澳洲為煉鋼核心原物料：鐵礦砂與煤炭第一及第二大出口國（主要對手是巴西：淡水河谷），澳洲出口的鐵礦砂甚至佔了全球近半數。

因此相關原物料的出口量會連帶影響澳洲的經常帳，使兩者走勢息息相關。

在我們知道澳幣與鐵礦砂的連動之後，那麼與澳幣的走勢以及中國的景氣，還有房地產，又有什麼關係？

圖 3-31 說明鐵礦砂供給與需求的關係。

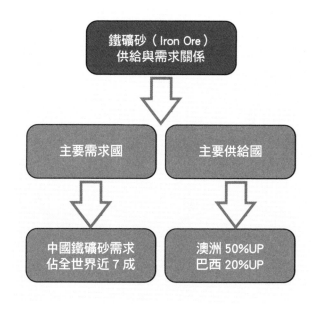

圖 3-31 全球鐵礦砂的供需關係
資料來源：作者整理

中國進口這麼多的鐵礦砂做什麼呢？其中有 70% 是做建設相關的，並且超過一半是拿去蓋房子的，因此全世界有超過 30% 的鐵礦砂是用於中國的房地產建設，澳幣的走勢與中國房地產的狀況非常相關。

雖然 2021 年新聞說：澳洲打算退出一帶一路等相關新聞，即使澳洲政府真的這麼做了，但是中國仍然是澳洲礦產最重要的輸出國，澳洲政府仍高度依賴中國的礦產需求。

因此我們觀察澳幣的走勢，除了美元之外，最重要的因素就是鐵礦砂的需求了。

那麼持有澳幣者最關心的一件事情，就是他們手上的澳幣什麼時候可以解套？

筆者羅列出幾個可能的先決條件：

· 美國政府持續的寬鬆。

· 澳洲景氣回升，並且率先開始升息，奪回高息貨幣應有的高息。

· 鐵礦砂持續上漲，同一時間美元弱勢延續。

只要這三個條件同時達成，澳幣就有可能重新回到榮景。

最後我們用幾張圖說明現在澳洲的基本面：

· 最近 25 年的利率：趨勢長期向下，2021 年 4 月 26 日，利率為 1.67%。

· 最近 25 年失業率：2021 年逐漸從 Covid 19 疫情最高峰改善，2021 年 4 月 26 日失業率為 5.6%。

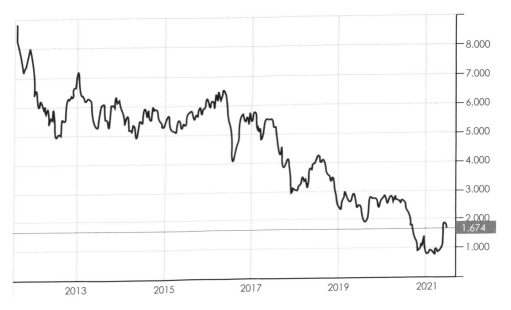

圖 3-32 澳洲利率長期向下

資料來源：https：//tradingeconomics.com/

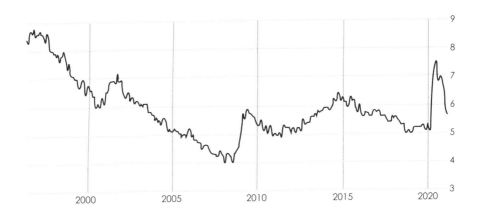

圖 3-33 2000 年澳洲失業率

資料來源：https：//tradingeconomics.com/

・ 最近 5 年製造業 PMI：數值為 59.9。

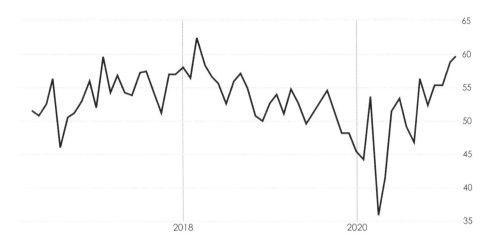

圖 3-34 2015 年以來澳洲製造業 PMI

資料來源：https：//tradingeconomics.com/

・ 最近 5 年服務業 PMI：數值為 58.7。

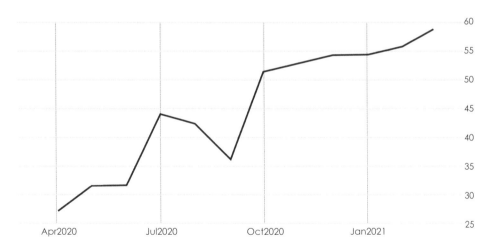

圖 3-35 2020 年澳洲服務業 PMI

資料來源：https：//tradingeconomics.com/

結論：

· 澳洲目前的經濟狀況是持續改善的，無論從失業率的角度或製造業服務業 PMI 的角度。

· 澳洲長期的發展過度依賴中國，而澳洲政府也極力想要擺脫這樣的狀況，我們可以持續觀察澳洲服務業的發展。

3.7 認識南非

　　會針對一個非主流市場做一個分析，就是因為南非，雖然不是世界上重要的國家，但是它對台灣的意義非凡，台灣人持有南非幣的數量是世界第二多，最高的是南非本地人。

　　為什麼台灣人對這個非洲最南邊國家的貨幣情有獨鍾？這就必須從 2008 年說起。當時金融風暴之後，台灣定存利率持續降低，因此就有銀行看準這一波，定存族的商機。首先他們先推薦澳幣，澳幣當時是高息貨幣之一，一年期定存 3%～5%之間波動，南非幣定存當時利率更高，有 5%～8%的利率，因此在 2008～2012 年之間，這些貨幣就開始大量的被推廣。並且除了銀行之外，投信公司也紛紛推出澳幣級別與南非幣級別的基金，相較於美元級別配息率只有 4%～6%，澳幣級別配息率是 8%～10%，南非幣級別更可以達到 12%～18%之間，一時之間，這些貨幣就成為銀行最好推銷的工具。話術很簡單：一年配息 10%，放 1,000 萬一年是 100 萬配息，然後就財富自由了。南非幣就更誇張了，一年 15%的配息。

　　在筆者 2016 年離開銀行業的時候，當時甚至很多銀行鼓吹客戶拿房子貸款，然後去買這種高息貨幣的高配息基金，說這是資產活化。就筆者身邊的同業分享，最後這變成銀行的政策，造成很多金融知識不足的人起了貪念，因此拿身邊的房產抵押去買商品，最後 2018 年來找筆者，因為匯率重貶 30%，加上配息還虧損 15%，而 2018 年開始面臨本利攤還。

　　因此我在書中，才會特別放上南非這一個邊緣國家來說明。

　　為什麼南非幣的定存利率會有 5%～8%？我們從一個國家的信用評等與南非十年期公債殖利率可以看出端倪。

南非：信用評等在 2020 年被降為非投資等級。已經處於垃圾級的南非主權評級，2020 年 4 月 29 日再遭信評機構標普進一步下調評級。標普表示主因擔心新冠肺炎（Covid 19）疫情將使南非經濟陷入嚴重衰退。標普將南非的長期外幣債信評級自 BB 降至 BB-，比投資級債券還要低三個等級。標普表示，估計到 2023 年，南非公共債務的償還成本將攀升至 GDP 的 6.5%左右。

那麼台灣的信用評等如何？

根據財政部全球資訊網的資料：2021 年 2 月 24 日國際信評機構穆迪對台灣主權信用評等展望由「穩定」調升為「正向」。財政部表示，這是 1994 年以來穆迪首度調升評等展望，表示 1 年內穆迪將可能調升台灣評等等級。國際信用評等機構穆迪（Moody's）投資者服務公司今天宣布，維持對台灣主權信用評等為 Aa3，此外將展望由「穩定」調升為「正向」， 因此台灣的信評是 A＋，是投資等級的。

南非的主權信用評等是非投資等級：簡稱垃圾級別的。

為什麼我們要把手上信評評等 A＋級別的貨幣，去換一個垃圾級別的貨幣？因為南非是垃圾級別，因此它有比較高的利率。

就以我們都能夠輕鬆理解的概念：筆者最近有一些客戶因為投資市場很好，就決定要利用信貸買美國公債。

其中一位是公立醫院的主治醫師，他跟我回報，他的信貸利率只要1.5%，額度可以超過 500 萬元。

其中一位是中華電信的新進員工，他在 2020 年 3 月時信貸加碼股票，當時他的信貸利率 2.9%，額度大約 150 萬元。

其中一位是台積電的資深工程師，他也在 2020 年 3 月時以信貸加碼股票，當時他的信貸利率是 1.9%，額度是 400 萬元。

為什麼會有上面的差別？因為每個人的信用評等不同，會隨著信用好壞與公司的好壞當作銀行放款的基準，因此對銀行來說，公立醫院的主治醫師是最不會賴帳的，其次是台積電資深工程師，最末是中華電的新進員工。

國家主權信評也是，台灣十年期公債殖利率目前是 0.4%，南非的十年期公債殖利率很少低於 8%。

令人起疑的是：為什麼一個國家能夠把自己的信用評等淪落到垃圾等級？這就要從南非的基礎電力說起了，政府部門效能落後，舉債過多無力償還說起。

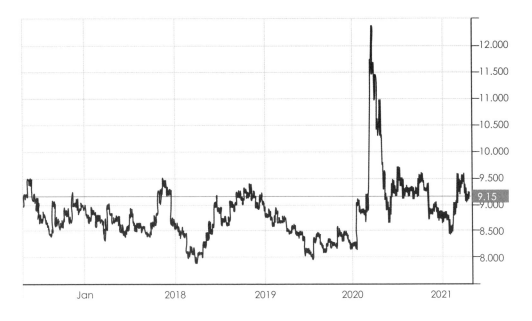

圖 3-36 最近 5 年南非十年期公債殖利率（2021 年 4 月 27 日為 9.15%）

資料來源：https：//tradingeconomics.com/

根據台商網對外投資報告中，經濟概況的第一點就針對這電力說起：

- 南非國營電力公司 Eskom 燃煤發電廠日漸老舊，2019 年數次無預警採取限電措施，重創製造業、礦業及零售業，南非總統 Cyril Ramaphosa 更數度召集 Eskom 緊急會議，要求提出短期及長期解決方案。目前南非政府已允許私人發電自用制度，以滿足製造業及礦業等產業呼聲。

    Eskom 南非電力，就是南非的大毒瘤，跟墨西哥石油是墨西哥的大毒瘤一樣。國營企業並且是公用事業的基礎電力，績效不彰，造成全國缺電，影響到全體工商業發展，這是世界少有的。

- 南非政府存在人事費用過高、國營企業經營不善且債務不斷攀升、國營企業紓困擴大政府財政赤字等結構性因素，Ramaphosa 自當選總統以來，改革步調過於緩慢，政府擴大支出以刺激景氣之效果不佳，加上無預警停電衝擊製造業產出，南非 GDP 成長欠缺動能。

    下圖為 2018 年以來南非 GDP 成長率：2021 年 4 月 27 日為-4.1%，是少數呈現衰退的國家。

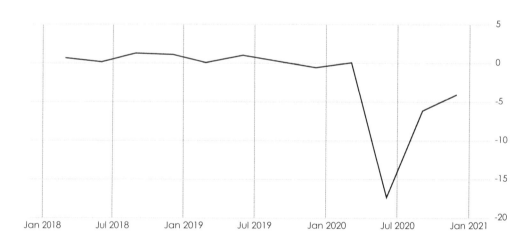

圖 3-37 2018 年以來南非經濟成長率

資料來源：https://tradingeconomics.com/

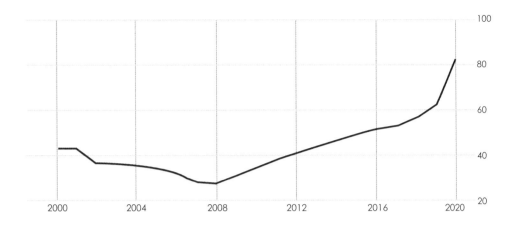

圖 3-38 2000 年至 2020 年南非債務佔 GDP 比重

資料來源：https：//tradingeconomics.com/

- 金融債信方面，由於南非政府財政赤字佔 GDP 比例持續升高，國際信評機構 Moodys 將南非債信調降至垃圾等級。

最近十年南非債務對 GDP 比重：2021 年 4 月 27 日為 83%，並且**趨勢向上**。

此外，2019 年南非私部門借貸信用擴張率較 2018 年為低，顯示商業信心不足，投資意願不強，家戶及企業難獲融資，進一步削弱景氣恢復動能。

從經濟部的報告中，我們就可以歸納出南非的主權信用平等為什麼會是垃圾級別的主要原因，南非是一個會無預警缺電的國家。只要是缺電，自然而然各行各業都會受到相當的衝擊，也因此工商業都難以發展起來。

主因就是南非電力這一間公用事業，長期績效不彰，設備老舊無法更新，造成全國性的缺電。代表礦業委員會於 2020 年 2 月中旬表示，依據相關統計數據，生產對經濟環境商品價格上漲之反應越來越慢，此意謂未來將面臨不景氣。而其主因係南非電力公司 Eskom 斷電／限電所造成之影響。

採礦產業佔南非 GDP 總量僅約 8.1%，並且礦產出口是外匯收入主要來源，達 3,480 億南非幣，佔出口總收入三分之一，而這個產業受到電力不足嚴重的影響。因此南非本身的問題就在：後天失調嚴重，尤其是電力不足。

但是南非本身與澳洲相似，都是天然資源豐富的地方，是得天獨厚的國家之一。然而天然資源豐富，代表的是先天環境不錯，但是南非卻因為天然資源豐富而飽受壓力，因此無法轉型成科技與服務業國家，只能依賴礦產。但是糟糕的是，南非的礦產豐富，但是無法掌握在南非人的手上，大多數的礦產利益都留給了歐美。

下面敘述引用自台商網：

南非礦產資源豐富，儲量位居全球第 5 位，鉑族金屬、錳、鉻、金等資源儲量為世界第 1 位，螢石、鈦、蛭石、鋯礦資源儲量居世界第 2 位，另外還有大量的磷酸鹽、煤炭、鐵礦、鉛礦、鈾、銻、鎳礦資源。其中，黃金主要分布於維特沃特斯蘭德盆地（Witwatersrand Basin）；西北省出產鉑族金屬，同時也是南非大理石和氟石的重要生產基地；普馬蘭加省的灌木叢林地區（Bushveld Complex）之鉻礦藏量佔世界儲量的一半以上；川斯瓦（Transvaal）一帶蘊藏世界上 80%的錳礦儲藏；北開普省有豐富的銅礦、石棉、煤礦、鐵礦、鑽石等。

但是南非主要礦產皆被歐美加及澳洲大礦業公司把持：例如 DeBeers 公司掌控鑽石、AngloGold 公司掌控金礦（世界第 1 大）、AngloPlats 公司掌控鉑金（世界第 1 大）、EyesizweCoal 公司掌控煤礦。

我們台灣很幸運，台灣的電力目前仍相對充足，因此我們能有護國神山台積電守護台灣景氣。

因為缺電的緣故，即使南非天然資源豐富，產業發展以礦業及能源上游工業為主，服務業及農林、畜牧業次之，故其出口以農礦原物料為主，進口以工業產品及民生用品為主。之所以民生用品等輕工業不彰，原因也在於電力不足，甚為可惜。

南非的毒瘤：南非電力因電廠老舊，電力供應不穩定，國營電力公司 Eskom 表示，缺電力問題恐需至 Medupi 新電廠興建完工後方能有所改善。

為因應 Eskom 新電廠興建及現有輸電設備維修，南非國家能源局（Nersa）允許 Eskom 每年調漲電費 25%左右，南非電費價格每年調整，自 2006 年以來至 2019 年價格已上漲約 6 倍。

　　並且因為新建電廠與輸出電力線路，南非全國輪流分區限電措施更加頻繁，每次停電皆長達 2 至 4 小時不等，對礦業及製造業特別不利，南非採礦業和製造業 2019 年第 4 季 GDP 已造成壓力與影響，尤其 12 月大規模停電當月總體經濟所受影響即達約 1.5%。而這個情況，到 2021 年仍然持續。

　　因此筆者不禁要問，為什麼這一個很糟糕的國家，我們需要拿手上信評 A 的穩定貨幣去換一個信評不斷降低，並且違約風險越來越高的貨幣？

　　金融常識：你要別人的利，他要你的本。

　　南非蘭德從 2008 年高點以來，到今天貶值超過 70%。圖 3-39 為最近二十年美元兌南非幣匯率：2021 年 4 月 27 日為 14.27，1997 年是 4。

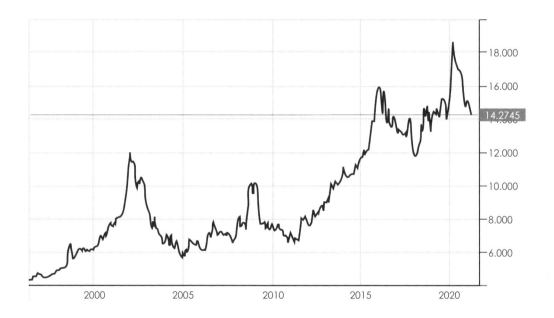

圖 3-39 2000 年至 2020 年南非幣匯率

資料來源：https：//tradingeconomics.com/

最後，我們實際看看南非目前的經濟狀況，我們仍使用跟評論美國一樣的邏輯。

・就業市場狀況。

・GDP 與相關細項。

・製造業 PMI

1. 就業市場狀況

圖 3-40 為南非最近十年的失業率：2021 年最新數據是 32.5%，並且趨勢節節升高。超高的失業率也導致暴力犯罪殺人事件頻傳，影響外商投資意願。

南非治安環境非常的差，暴亂頻傳：外籍人士的商店與住家不斷遭到搶劫或者焚燬，尤其以辛巴威、巴基斯坦、印度、索馬利亞及中國大陸之商人受害最嚴重。

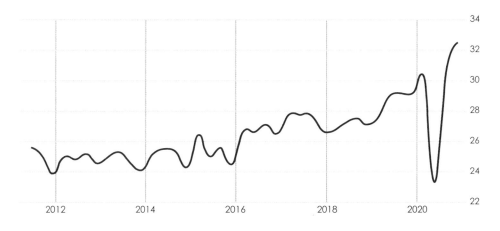

圖 3-40 2011 年至 2021 年 4 月南非失業率

資料來源：https://tradingeconomics.com/

而南非經濟相當倚重外人投資，FDI 金額佔 GDP 之比重超過 50%以上，因此這是一個惡性循環。

南非幣的投資，真的需要仔細思考。

2. GDP 與相關細項

圖 3-41 為南非最近十年的 GDP 增長率，目前最新數據是＋6.3%，但是南非經濟狀況時而增長、時而衰退，並且近年大量舉外債做投資，但是效果不彰。

並且隨著南非幣大幅度貶值與大量舉外債做國內的投資，南非目前債務越來越沉重，並且 Covid 19 的發生，讓南非大量舉外債來度過危機，相較於 2010 年，南非的債務已經暴增了 2.5 倍，為歷史新高。

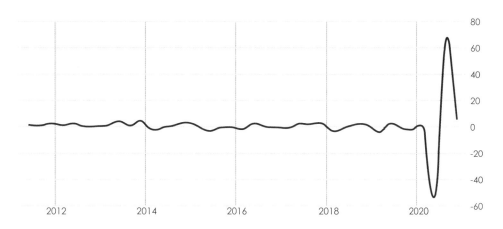

圖 3-41 2011 年至 2021 年 4 月南非 GDP 增長率
資料來源：https：//tradingeconomics.com/

因此三大信評公司都降低南非的信評到 BB-，是垃圾級別。

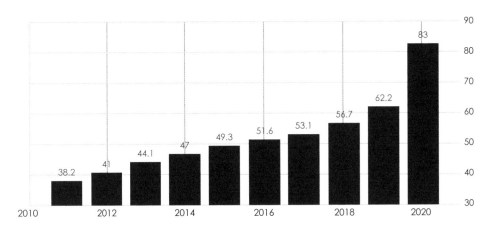

圖 3-42 2010 年至 2020 年南非債務佔 GDP 比例

資料來源：https：//tradingeconomics.com/

表 3-3 2020 年南非信評被調降

Agency	Rating	Outlook	Date
Moody's	Ba2	negative	Nov 20 2020
Fitch	BB-	negative	Nov 20 2020
S&P	BB-	stable	Apr 30 2020

資料來源：三大信評公司與作者整理

3. 製造業 PMI

南非製造業 PMI：2021 年 4 月 27 日的數據是 57.4，這是強力復甦，但是因為過去長時間缺電的關係，整個製造業 PMI 都落於 50 榮枯值之下，希望這次的復甦是有延續力的。

我們審視了過去南非的基本面因素：可以用南非 Ramaphosa 總統 2020 年 2 月國事演講點出南非各項結構性風險，包括公私部門治理失靈、電力缺乏、普遍貪污、欠缺全盤規劃之全民健康保險、政策、土地改革及經濟改革步調過於遲緩。

那麼身為投資者，我們為什麼要將我們寶貴的金錢，去投資一個待改善並且體質仍相當弱勢的國家？這邏輯是不通的。

筆者的投資邏輯一向是汰弱留強，如南非這樣體質不佳的國家，筆者是不會投資的，即使它可能會有短線的利益存在，但是在基本面改善之前，或是國家結構性的問題改善之前，這個國家依然難以有長期穩定的發展機會。

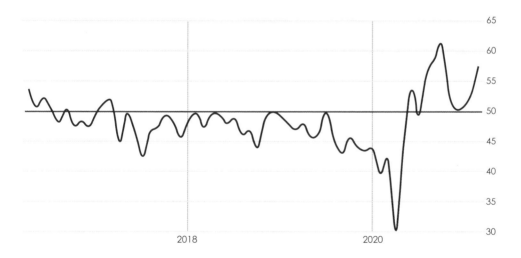

圖 3-43 南非製造業 PMI

資料來源：https://tradingeconomics.com/

我們的資金是有成本的，放在一個長期穩健的市場，每年的複利報酬率大約就是 8%，只要放 9 年資產就將翻倍成長，相較於投資一個不穩健的市場前途未卜，筆者仍是偏好把資產放在好的國家。

誠如私募教父趙丹陽：看懂大方向比什麼都重要。

首先投資、你要選對就是國家。如果國家選錯了，大前提都錯了，後面也就都是胡扯。

選擇正確的國家是投資最重要的任務，因此筆者建議放棄投資南非，除非您真的對南非基本面有更深入的研究，並且有合理的證據可以支撐，才適合投資南非。或是等待南非失業率低於 10% 那一天的到來，相信南非會有更長足的進步，但是這個過程可能要很久，甚至永遠都不會到來。

第二部分

建立基礎的商品知識

第四章
區分避險資產與風險資產

4.1 各類投資資產分類

此文我們正式進入到商品區，過去的三個章節大多數都是提到景氣、國家以及景氣循環等因素，那麼光是懂得一些基本原理與運作，並沒有辦法讓我們獲取相對的獲利，唯有透過工具，才能夠達成獲利這一件事情。我們這一個章節，就是來介紹商品與工具。

筆者把各大類資產先分成兩個部分：

- 避險型資產：現金、公債、定存、儲蓄險。
- 風險型資產：股票、特別股、債券、高收益債、新興市場債、衍生性商品。

這兩大類資產最大的分野，就是當極端風險發生時的表現。

2008 年金融風暴，所有風險型資產都面臨崩盤的危機，我們就歷史的經驗來看，各類型股票遇到 2008 年金融風暴的時候，他們發生什麼事情。

- 所有股票都重挫。
- 成熟市場的跌幅少於新興市場。
- 大型股的跌幅少於小型股。

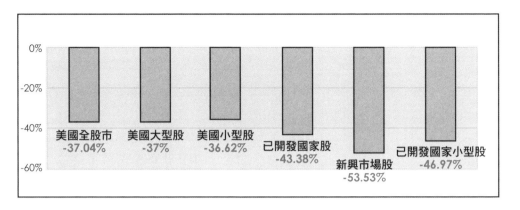

圖 4-1 2008 年金融風暴時各種股票表現

資料來源：作者整理

　　一般來說，大家對債券的認識都是比較安穩，實際上遇到金融風暴的時候，債券的跌幅也是相當慘烈的，並不會少於股票多少。而且實際上高收益債跌幅最深的時候，不是在 2008 年，而是在 2009 年因為金融風暴的影響，讓很多信評為垃圾等級的公司大幅度的違約，所以高收債 2008 年的跌幅相對較小，但是到了 2009 年倒閉潮發生的時候，最大的跌幅甚至超過美國股市達到 40%。圖 4-2 就是 2008 年各類型債券面對金融風暴的狀況。

・ 美國公債與美國政府抵押貸款債（GNMA）維持正報酬。

・ 投資等級公司債仍是下挫，但是幅度較淺，在風暴極盛時期也下挫了將近20%。

・ 高收益債（垃圾債）在 2008 年跌幅 26%，2009 年最深將近 40%，跌幅與美國大型股相當，波動是所有債券中最大的。

・ 新興市場（信用評等範圍大，但多數為非投資等級），波動幅度與高收益債相當。

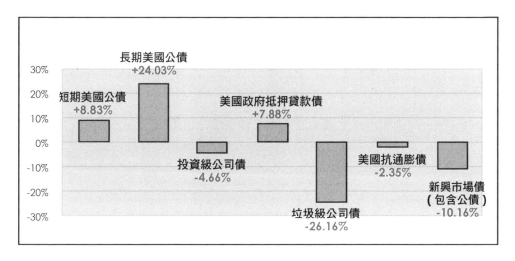

圖 4-2 2008 年金融風暴時各種債券表現

資料來源：作者整理

　　因此透過 2008 年的經驗，就可以知道筆者定義的風險型資產與避險型資產的區隔，而最近一次 2020 年 3 月 Covid 19 風暴，各類型資產的跌幅與 2008 年相仿，並且各類型資產的表現也相仿，因此歷史的經驗也有助於我們推論未來可能發展的情況。

　　下面筆者就針對各類型資產的風險、波動、報酬率做一個說明，筆者認為風險是我們投資必須要認識的重要課題，針對這類型大家熟悉的資產類別，筆者由風險低排到風險高。這裡的風險指的是違約倒閉的風險，不是價格波動的風險。

　　風險最低的是：美國公債、美元（美國主權信評為 AAA）。

　　其次是：現金與定存（台灣主權信評為 A）。

　　儲蓄險：因為是保險公司信用保證，並且有提存準備金等（因此信評與壽險公司相當，信評分布由 A 至 B 之間）。

　　投資等級債券：以正常信評來說，會低於國家的主權信評，例如台灣的信評是 A，台灣國營企業中華電信的信評就不會超過台灣的主權信評，而美國信評為 AAA，股神巴菲特的公司——波克夏海瑟威信評是 AA，比一些新興市場國家信評還高，因此公司債信評分布極廣，AAA 至 BBB- 都有。

風險低　　　　　　　　　　　　　　　　　風險高

圖 4-3 各種投資工具的風險度
資料來源：作者整理

　　高收益債（垃圾債）與特別股：是風險等級最高的固定收益類型的工具。

　　股票：普通股是風險較高的商品，並且成熟國家風險低、大型股風險低，反之，新興市場股票與小型股的風險較高。

　　期貨與衍生性商品：是風險最高的。

　　接著知道風險高低之後，我們要了解波動大小。很多人以為波動大就等於風險高，事實不然。其實美國長天期公債的波動率與標普 500 一樣高，但是公債在其他風險型資產波動的時候是反向波動的，因此這個波動反而有助於投資組合的報酬率與穩定度。

波動小　　　　　　　　　　　　　　　　　波動大

圖 4-4 各種投資工具的波動率
資料來源：作者整理

ETD | ETF | CEF | ETN | FCN

現金與定存 | 儲蓄險 | 美國公債 | 投資級債券 | 特別股 | 高收債 | 股票 | 期貨與衍生商品

公開發行基金 | 私募基金 | 境外私募基金 | 未上市股票 | 基金盤

報酬低　　　　　　　　　　　　　　　　　　　　報酬高

圖 4-5 各種投資工具的報酬率

資料來源：作者整理

　　最後大家最關心的報酬率，一般認為風險低=報酬低，其實不然，波動高低才是決定報酬率高低的先決條件。

　　在理解各類型商品的風險、波動與報酬之後，我們先跟大家分享避險型資產。避險型資產是最重要的資產類別，我們必須要先行認識。

4.2 認識避險資產

為什麼我們會先介紹避險型資產？而不從大家熟悉的股票開始？在筆者近 15 年的投資生涯中，學到最重要的一件事情就是：避開大波動。

為什麼避開大波動會是最重要的一件事情？筆者就用表 4-1 跟大家說明。

表 4-1 假設原始資產是 100，當我們面臨下跌的時候，需要多少的報酬率回到原始資產？

由表 4-1 我們可以得知一個結果：

· 下跌幅度越深，回復到原始資產的報酬率越高。

· 當下跌幅度超過 50% 之後，要回到原始資產的部位就會變得很困難。

表 4-1 虧損後復原的投資報酬率

報酬率	下跌後淨值	回 100 所需報酬
-10%	90	11%
- 20%	80	25%
-30%	70	43%
-40%	60	66%
-50%	50	100%
-60%	40	150%
-70%	30	233%
-80%	20	400%
-90%	10	900%

資料來源：作者整理

從上面的分析與數據，我們可以知道一個重要的經驗：避開極端風險，避開下跌，我們的長期報酬率就有機會有效率的提升。

　　筆者是認證國際理財規劃顧問（CFP），我們規劃客戶資產的時候，最優先的工作不是讓客戶賺多少，因為通常高報酬的背後都是高波動與高風險，大多數人需要的是穩健的報酬率，而非讓客戶的資產大幅度波動，資產穩健成長才是正確的做法。

　　如果要讓資產穩健成長，那我們就必須要深入理解避險資產。

　　避險資產的定義：遇到極端風險時，能夠不虧損甚至獲利的資產。

　　那筆者就根據避險型資產的類別跟大家分享。

· 以貨幣類型呈現的避險資產：美元、日圓、歐元、瑞郎
· 公債類型呈現的避險資產：美國公債、德國公債、日本公債、台灣公債
· 衍生性商品：期貨、選擇權、VIX

　　我們將以上述這幾種商品跟大家分析它的效益。

4.2.1 貨幣類型：美元、日圓、歐元

　　日圓、歐元、瑞郎，這幾個貨幣種類，雖然歸納於避險資產，但問題來了，這些國家目前央行的政策是負利率，因此如果當作避險工具，只能以現金的形式存在，沒有任何效益可言。再者，以台灣目前的環境來看，這些在避險期結束之後，也沒有其他可以投資的管道，因此這會讓這些貨幣變得食之無味、棄之可惜，非常的雞肋，因此以正常避險的管道來看，筆者會優先剔除這幾個貨幣型的避險資產。

　　美元是少數成熟國家中，利率為正數的貨幣，這是筆者認為貨幣的避險資產中，最值得持有的貨幣。

以 2015 年新興市場風暴來看，原本的台幣對美元大約是 29 比 1 美金，隨著後面新興市場發生風暴，台幣對美元最高來到 31.6 對 1 美元，美元升值幅度將近 7%，有很好的避險效果。

以 2008 年金融海嘯來看，當時的台幣對美元大約是 30 比 1 美元，隨著海嘯的發生，台幣對美元最高來到 35 對 1 美元，美元升值幅度將近 15%，有很好的避險效果。

再者，當風暴結束之後，美國的交易市場是全球最大的股票、期貨交易市場，用美元可以買到全世界各類別的資產，美元在風暴結束後也有很多去處，因此，筆者認為美元是最好的避險資產之一。

表 4-2 2021 年台灣定存利率

掛牌日期：2021/04/29　　　　　　　　　　　　　　　實施日期：2020/08/01

類別	期別	利率 (年息%)		
		金額	機動利率	固定利率
定期儲蓄存款	三年	一般	0.865	0.815
		五百萬元 (含) 以上	0.190	0.180
	二年～未滿三年	一般	0.845	0.795
		五百萬元 (含) 以上	0.160	0.150
	一年～未滿二年	一般	0.840	0.790
		五百萬元 (含) 以上	0.140	0.130
定期存款	三年	一般	0.825	0.765
		五百萬元 (含) 以上	0.190	0.180
	二年～未滿三年	一般	0.820	0.760
		五百萬元 (含) 以上	0.160	0.150
	一年～未滿二年	一般	0.815	0.755
		五百萬元 (含) 以上	0.140	0.130
	九個月～未滿十二個月	一般	0.700	0.650
		五百萬元 (含) 以上	0.110	0.100
	六個月～未滿九個月	一般	0.585	0.535
		五百萬元 (含) 以上	0.090	0.080
	三個月～未滿六個月	一般	0.410	0.380
		五百萬元 (含) 以上	0.070	0.060
	一個月～未滿三個月	一般	0.350	0.350
		五百萬元 (含) 以上	0.050	0.050

資料來源：台灣銀行網站

- 德國公債：在 2019 年正式進入到負利率。公債雖然有避險效果，但是實務上請問各位，您會買一個持有到期 100%註定會賠錢的資產？所以德國公債無需考慮直接剔除。

- 日本公債：雖然目前殖利率有 0.095%，但是最近 5 年殖利率都在負數與 0.1%之間遊走，筆者就問一個問題，我們把 100 萬投入日本公債，放 10 年之後，他會成長到 101 萬，請問正常人會買這個資產？台灣定存利率 2021 年 4 月大約為 0.8%，是日本公債的 8 倍，因此不會有台灣人去買日本公債避險，因此剔除這個選項。

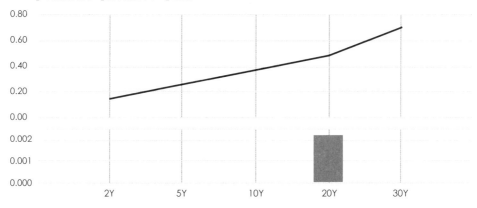

指標公債	債券代號	殖利率	漲跌	前日	成交量 (元)	交易日
台灣公債 2 年期	A09110	0.1300	--	0.1300	--	2021-04-22
台灣公債 5 年期	A10101	0.2558	--	0.2558	--	2021-04-22
台灣公債 10 年期	A10103	0.4050	0.0152	0.3898	49,256,199	2021-04-28
台灣公債 20 年期	A10102	0.4940	--	0.4940	--	2021-04-21
台灣公債 30 年期	A10104	0.6000	--	0.6000	--	2021-04-22

圖 4-6 2021 年台灣指標公債殖利率走勢

資料來源：鉅亨網

- 台灣公債：台灣是一個特別的市場，台灣定存利率還高於台灣十年期公債殖利率。台灣公債十年期殖利率只有 0.4%，低於定存利率的 0.8%。因此正常的人會選擇台灣的定存，不會買台灣政府公債。

- 美國公債：美國公債是目前全世界各大法人機構，用來避險的最佳工具，他有幾個特色：

  (1). 公債殖利率合理（目前為+1.65%）是信評 AAA 國家中，殖利率較高的商品。

  (2). 美國公債的流動性很好，能夠容納全世界的資金流動，而不會產生流動性風險。

  (3). 美國目前是世界第一強國，很難有違約的風險，相較於德國、日本、台灣，信用風險更低。

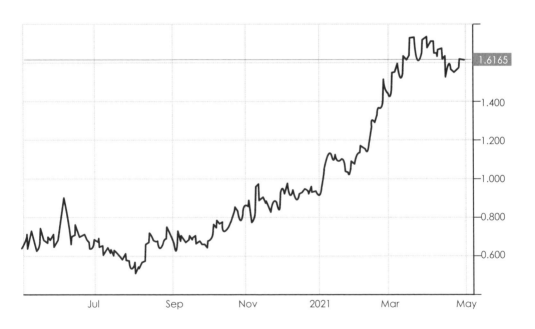

圖 4-7 美國十年期公債殖利率

資料來源：https://tradingeconomics.com/

4.2.3 主動避險工具（衍生性商品）：期貨、選擇權、VIX

筆者把這類型的產品歸納為主動避險，前面說的貨幣與公債屬於被動避險，被動避險相較於主動避險，被動避險如果因為避險擇時失敗，最大的損失就是利息，比較少遇到本金虧損的問題。

而主動避險的工具，無論是期貨、選擇權、VIX，如果避險失敗，會造成資產的損失。並且主動避險的成本，會高於被動避險的工具。

因此筆者在本文就不贅述主動避險的工具，但是仍要提醒大家，VIX 是恐慌指數，它主要是規避短期間連續大跌的風險，並且它本身的組成是期貨，因此它不是一個可以當作主要避險工具的商品。

2021 年台灣的富邦 VIX 下市，這個產品往往都會造成不了解的投資人重大虧損，建議真的需要做避險交易的時候，需要請教專家，以免避險不成，反造成風險。

因此透過上面的分析，我們歸納出，以目前環境來說，最好的避險工具有二：美元、美國公債，因此筆者最擅長的就是使用這兩個工具做避險。

後面我們會有一個獨立章節，專門說明美國公債的避險。

4.3 認識風險型資產

風險型資產是我們在市場上獲利的主要來源,它的項目區分的非常的細膩,在本章節中,筆者按照風險高低做分類,由風險低到風險高。

為什麼做這樣的編排?筆者認為風險高低影響著長期投資報酬率的好壞,而每一個人能承擔的波動程度也不相同。

圖 4-8 各種風險資產的風險高低

資料來源:作者整理

在 2020 年 3 月 Covid 19 的風暴中,各種風險型資產在短短一週內,跌幅都相當的驚人,我們在規劃的時候,必須先要理解這樣的情況,我們在買入這類型資產的時候,才能比較安心,因為能預知未來可能最大的跌幅,用以測試我們是否有足夠的風險承擔能力。

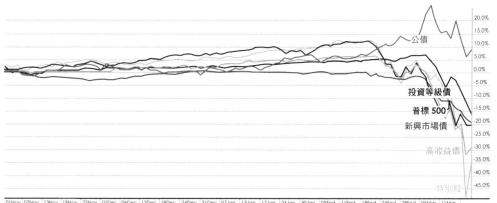

圖 4-9 2019 年 10 月至 2020 年 3 月 18 日各種資產的報酬率比較

資料來源：https://stockcharts.com/ 與作者整理

4.3.1 投資等級債

是信用評等 BBB-以上的債券，有公司債也有政府債，以公司債為主要族群。例如台積電公司債、波克夏公司債、花旗銀行公司債、美國市政債，都屬於這個類別。

這類型的標的有幾個特徵：1. 規模較大，2. 產業較為穩定成熟，3. 價格波動較為穩定，4. 營運狀況較優。

因此這類型的投資商品，在筆者的認知中，特別適合需要長期穩定現金流的族群作為規劃的重點，因為波動較小，現金流穩定，並且遇到極端風險的時候，倒閉的機率也相對低，資產受到重挫的程度也會較輕微。

而上述好處所帶來的缺點，就是長期報酬率相對較低，大約會落在 3%～5%之間。

在 Covid 19 時，這個資產類別的商品是所有風險型資產中，回落幅度相對較小的，但是最深的幅度也達到 20%，相較於股票動輒 30%～50%的回落，這樣的幅度是較淺的，是這個資產類別的特色。

4.3.2 高收益債

　　簡稱垃圾債券，是信用評等 BBB-以下的債券，與投資等級債一樣，分為公債與公司債，但以公司債為主要族群。例如全世界最大的鐵礦砂供應商淡水河谷、全球第二大銅礦供應商自由港麥克莫蘭銅金公司、甚至是電動車先驅特斯拉、甚至是大家熟知的日本孫正義的軟體銀行，都是屬於這個級別的債券。

　　這個類型的標的與投資等級債相似，有下列特徵：

- 規模相對投資等級較小或市場地位重要性相對較低。

- 產業受到景氣循環的影響非常劇烈。

- 價格波動也因為景氣循環劇烈而很大。

- 營運狀況前景較投資等級債更為不確定。

- 償債能力相對於投資等級債有顯著的差異，比投資等級債差。

　　在 Covid 19 時，這個資產類別的商品是所有風險型資產中，回落幅度相對較大的，最深的幅度也達到 40%，波動幅度與股票一樣大。但是在恐慌結束之後，回復的速度比股票快很多，股票要到 2020 年 11 月才創新高，而高收益債在 2020 年 7 月就重新回到票面。

4.3.3 特別股

　　這是固定收益類型的商品，但是與債券不同，這是股票，只是有票面利率，並且發放普通股股利之前，要優先發放特別股股利，因此這個類別有亦股亦債的功能。而特別股的信用評等，通常會低於公司債，例如：富國銀行的債券信用評等為 A，富國銀行的特別股信用評等就為 BBB，會低於公司債。

　　在 Covid 19 以及金融海嘯時，這個資產類別都是跌幅最深的一個資產類別，因為流動性的不足，導致價格快速的向下崩盤，但是物極必反，極深的跌幅往往都帶來極大的回彈速度。

如圖 4-10 為 ATCO-G 2020 年 3 月 19 日 Atlas Corp Preferred Shares Series G（ATCO-G）盤中的上漲幅度，最終尾盤上漲 100%，收盤站上 15 元。但是

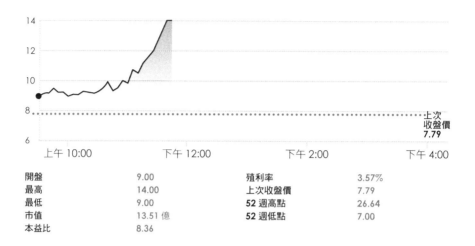

開盤	9.00	殖利率	3.57%
最高	14.00	上次收盤價	7.79
最低	9.00	**52** 週高點	26.64
市值	13.51 億	**52** 週低點	7.00
本益比	8.36		

圖 4-10 特別股遇到重大事件，波動大於其他金融商品。以 Atlas Corp Preferred
　　　 Shares Series G 為例

資料來源：Google

2020 年 3 月 18 日當天最深跌幅超過 50%，從 15 元下跌到 7 元。正說明了物極必反的特性，它是跌幅最深的資產類別，也是反彈最兇狠的資產類別。

4.3.4 普通股

　　就是大家熟知的股票。長期而言，股票的報酬率是所有資產類別中最高的，但是它的波動也相較於上述固定收益類型的資產（如投資等級債、高收債、特別股）更為劇烈（極端風險來臨時是特別股的波動最劇）。所謂高風險、高報酬，指的就是這個資產類別。但是股票的種類繁多，無法一一說明細節，因此我們實務上買賣的股票，會以 ETF 為主，較少單一個股。單一個股的買賣，需要深入研究財報、技術面、基本面。

　　在 Covid 19 發生時，普通股最深的跌幅超過 30%，但是恢復的速度慢於固定收益類別的資產，不過就長期而言，股票的報酬率 7%～10%，是超過固定收益類別的。

CHAPTER

第五章

找到正確的投資工具，而不是採用最流行的投資工具

5.1 好的想法，一定要使用對的工具：
從石油崩盤到回升，選對工具好棒棒，選錯工具空遺恨

　　2020 年是動盪的一年，什麼怪事都發生了，Covid 19 造成股市重挫，恐慌指數的收盤價是歷史最高。筆者常用的數據：恐懼與貪婪指數來到 1，更慘烈的是歷史上從來沒有過油價為負數的，也在 2020 年 4 月發生了。

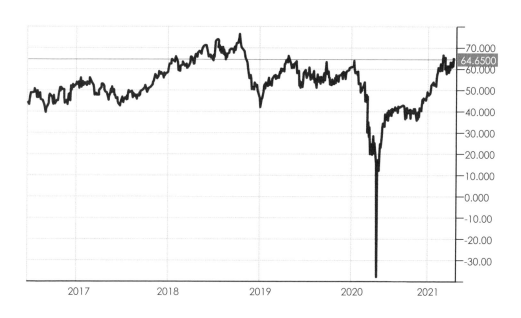

圖 5-1 2016 年至 2021 年布蘭特原油價格走勢圖

資料來源：https://tradingeconomics.com/

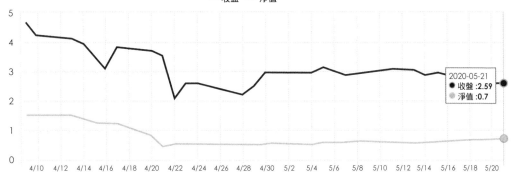

圖 5-2 2020 年 5 月 21 日元石油正二的溢價圖
資料來源：元大投信（目前元石油正二 ETF 已經下市，相關資訊已經被刪除）

　　當時看到負數的油價，所有台灣投資人都瘋了！瘋狂的買入元石油正二，想要賺取油價從 1 元上漲到 N 元的這一段漲幅。但是選擇工具是一個非常重要的專業，而大多數的投資人有投資的直覺，但是沒有選擇投資商品的專業，這就會造成投資方向正確，不過投資績效慘淡。

　　目前元石油正二已經下市了，當時筆者也寫了兩篇部落格文章說明。這時候油價雖然很低，但是我們不要買石油期貨的 ETF，應該要石油公司的股票，這樣才能賺取石油價格上漲的幅度。

　　圖 5-2 顯示的淨值 0.7 元，但是收盤價 2.59 元，收盤價比淨值高將近 350%，代表什麼意思？就跟嘉義著名的胡椒餅一樣，嘉義本店一包賣 100 元，但是因為供給有限，如果不想要排隊等候，那就只好跟旁邊的黃牛買，但是黃牛賣一包 350 元，意思是您得花 3.5 倍的金額，才能買到一包價值 100 元的胡椒餅乾。

　　但是胡椒餅吃了會療癒，而當您買了溢價過高的金融商品，最後的結果只會傷心而已。因為主管機關的一時心軟，會讓更多投資人蒙受損失，原訂 4 月要清算的元石油正二，拖延到 9 月才正式清算，中間不知道死了多少冤魂。

而且如果您更熟悉元石油正二的運作機制，您可以知道，元石油正二的本體是期貨，只要是期貨，必然就有轉倉的問題。而當時 CME 原油期貨有非常嚴重的溢價問題，當時 5 月份結算的石油期貨只有 18 元的價值，但是 6 月份結算的期貨價值就跳升到 25 元。按照往例，期貨要轉倉，中間價差 7 元（40%）的價差，就會反映到淨值中。淨值再逐步轉倉後，會實現大約 40% 的損失，這些都是內含成本。但是多數的投資人，並不知道這樣的情形。

所謂 ETF 的期貨轉倉說明如下。期貨有到期的時間，例如 5 月的期貨大約 5 月中就會進行結算。結算過後，期貨就結束合約而消滅了。但是 ETF 的存續期間是到 ETF 清算為止，因此 ETF 在面臨期貨要結算的時候，就會賣出近月（最近要結算的期貨）轉買遠月（未來 3 個月或 6 個月）後才要進行結算的期貨。

表 5-1 2020 年 5 月芝加哥交易所石油期貨價格表

Month	Options	Charts	Last	Change	Prior Settle	Open	High	Law	Volume	Hi/ Low Limit	Updated
MAY2020	OPT		18.10	-1.77	19.87	20.00	20.22	17.31	129,869	No Limit/ 0.01	09:05:39 CT 17Apr2020
JUN2020	OPT		25.36	-0.17	25.53	26.42	26.78	24.60	348,067	No Limit/ 0.01	09:05:39 CT 17Apr2020
JUL2020	OPT		30.12	+0.57	29.55	30.37	30.92	29.36	87,403	No Limit/ 0.01	09:05:38 CT 17Apr2020
AUG2020	OPT		31.86	+0.77	31.09	32.04	32.04	31.04	33,378	No Limit/ 0.01	09:05:16 CT 17Apr2020
SEP2020	OPT		32.77	+0.83	31.94	32.85	33.23	31.97	28,674	No Limit/ 0.01	09:05:18 CT 17Apr2020
OCT2020	OPT		33.20	+0.68	32.52	33.60	33.78	32.50	7,180	No Limit/ 0.01	09:05:35 CT 17Apr2020
NOV2020	OPT		33.95	+0.88	33.07	34.04	34.25	33.27	4,754	No Limit/ 0.01	09:05:36 CT 17Apr2020
DEC2020	OPT		34.42	+0.86	33.56	34.32	34.74	33.70	29,628	No Limit/ 0.01	09:05:18 CT 17Apr2020

資料來源：芝加哥交易所

然而大多數投資元石油正二與石油期貨相關的投資人，並沒有這樣的專業，只有油價必然跌深反彈的直覺，最後當元石油正二被清算的時候，仍有2.8萬投資人遭到清算，且其中有兩成的投資人，還持有超過50張的元石油正二。甚至筆者還聽到很奇怪的觀點說，不管最後清算價值多少，元大投信有義務要返還每股價值2元的言論，這些都真真實實的發生在台灣的市場。

　　正確的投資教育，在台灣一直都不是一門顯學，因為學習正確的投資方式，沒有辦法帶來像報名牌一樣的暴漲感受，只能按部就班的一步一步成長。

　　而投資除了觀念正確之外，還有一個非常重要的就是選擇工具的能力，選擇工具必然就要懂得它的組成與結構。

5.2 封閉式基金（CEF）的概述與介紹

什麼是 CEF? CEF 有什麼好？本文揭露給您知道。

筆者在 2010 年至 2012 年之間到美國券商開戶，並且投資美國市場後發現，在美國交易封閉型基金相當的方便與簡單，直接在股票市場交易，而且績效優秀，配息穩定的標的很多，並且是很多美國人退休組合規劃的選擇，因此把 CEF 納入重要投資工具之一。

5.2.1 什麼是 CEF（Closed End Fund）？

一般來說，台灣的社會大眾能接觸到的多數都是共同基金，又稱為開放式基金（Mutual Fund），最近幾年因為綠角先生與各大銷售單位的推廣，大家又多熟悉了一個工具 ETF 交易所交易基金（Exchanged Traded Fund）。筆者身為一位專業認證國際理財規劃顧問（CFP），自然就要帶給大家一些美國盛行很久，而且績效非常優秀的投資類別，它就是 CEF 封閉式基金（Closed End Fund）

大家都看到無論是共同基金 ETF（Exchanged Traded Fund）、交易所交易基金 CEF（Closed End Fund）封閉式基金，最尾端都有一個名詞：基金（Fund）。

封閉式基金是基金的一種。大家熟悉的聯博、富蘭克林、安聯等，這是發行基金的基金公司，因此只要是基金就有許多種資產類型的選擇，例如股票型、債券型、REITS 型、股債混合型、Fund of Fund、特別股型。

例如台灣常年熱銷的聯博全球高收益，就是債券型基金（高收益債）、安聯收益成長是股債混合型基金、富蘭克林新興市場固定收益就是債券型基金（新興市場債）。

而筆者常使用的的工具中，NMZ、NZF、MYI 是市政債型 CEF，GOF 是高收債型 CEF；FFC 是特別股型 CEF，除了上述這些類別之外，還有股票型、股債混合型、REITS 型的 CEF，這是美國市場常見的資產類別。

共同基金又稱為開放式基金（Mutual Fund），而封閉式基金就是筆者說的 CEF（Closed End Fund），兩者主要的異同點筆者重新歸納之後，主要有三點特別需要注意：

- 共同基金與封閉式基金相同點：集資方式相同

  只要是基金，第一上市（IPO）時都是向社會大眾募集資金，拿到資金之後再到次級市場去買賣金融商品。

  根據買賣的金融商品不同，則有不同的類別。如果買的是股票：那麼這就是股票型基金或股票型 CEF。如果買的是債券：那麼這就是債券型基金或債券型 CEF 。如果買的是股債平衡：那麼這就是平衡型基金或平衡型 CEF。

- 共同基金與封閉式基金不同點：上市後買賣模式不同

  一般來說，大家熟悉的買賣共同基金，都是到銀行或是各大通路買。目前購買基金有兩種方式，買基金流程越短，費用越低，最後資金都會進入到基金公司的投資專戶。

  投資人→中間機構（保險、證券、銀行、網路平台）→基金公司

  投資人→基金公司

  封閉型式基金的交易流程像買賣股票，一旦 IPO 結束之後，除了再募集新資金之外，就不再對外開放申購與贖回，因此想要買封閉型基金那就需要找原本的持有者互相買賣（投資人對投資人的交易），資金的往來跟基金公司無關。

  封閉型式基金的交易是在證券交易所集中市場掛單買賣，目前台灣可以買到 CEF 個管道有三：1. 美國券商開戶買賣，2. 在證券商開戶透過複委託買賣，3. 某些銀行信託平台買賣（銀行交易成本極高，加上還有信託管理費，不建議在此交易）。

- 共同基金與封閉式基金不同點：成本差異極大

  一位正常健康的人一旦有三高，就容易生病。

  台灣共同基金也有三高：高手續費、高保管費、高內扣費，合起來我們統稱內扣總開銷。台灣共同基金內扣總開銷大於 2%的比比皆是，這代表的就是台灣共同基金的績效比較差，甚至有些共同基金最高總開銷高達 7%。如果您想查詢共同基金的費用，可上投信公會網站查詢。

  並且根據 2014 年筆者在投信時做的研究，大多數的基金都是劣於大盤表現的......平均勝率是 20%。成功率意指特定類別基金於同期間績效優於大盤者，佔該類別基金總數比例。

  封閉型基金平均的總費用率大約 0.8%～1.2%之間（正常計算封閉式基金的總費用要扣除槓桿的利息費用）

  如果想查詢 CEF 的內扣費用可使用下面網站：美國晨星 https://www.morningstar.com/。

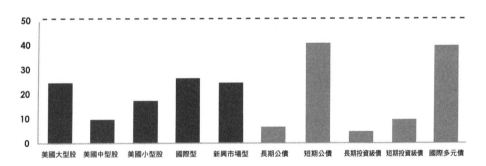

圖 5-3 2008 年至 2013 年主動管理基金績效優於大盤的比率

資料來源：Standard & Poor's、Barclays（2008/01～2013/12）

封閉式基金交易成本（買賣手續費），比買賣共同基金低。持有成本（基金內扣總開銷）比共同基金低（共同基金內扣總開銷多超過 2%）。如果不用信託平台買（銀行），更可以省下銀行收取的信託管理費。

三種成本都低的情況，替投資人帶來的就是報酬率更高，費用越高必然會讓總體績效會變差。

為什麼選擇 CEF？主要分為三點分析：1. CEF 績效優，2. CEF 與投資人利害關係一致，3. CEF 投資策略穩定。多數的 CEF 的績效優秀，

圖 5-4 是 2008 年至 2021 年 3 月特別股封閉式基金（FFC）、標普 500指數、特別股 ETF（PFF）三者的長期績效比較圖。

是的，您沒有眼花，FFC 的報酬率來到 800%，意思是 2008 年如果您投資 FFC 100 萬元，現在的市值超過 800 萬元，成長八倍。而標普 500 也還不錯，有超過 250% 的報酬率，而特別股指數 ETF，PFF 的報酬率僅有 200%，是 FFC 的四分之一。

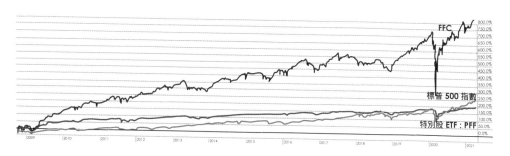

圖 5-4 2008 年至 2021 年 3 月特別股封閉式基金、標普 500 指數、特別股 ETF 績效比較

資料來源：https://stockcharts.com/

我們都知道基金公司是依賴資產管理費而生存的，從管理資產中按照比例收取經理費、保管費等費用，這就代表一件事情了，基金規模越大，基金公司越賺錢。

因此，台灣的基金公司通常把重要策略放在擴大規模了，共同基金（開放式基金）就會用許多獎勵去勸誘理專銷售他們的基金，並且與總行配合，約定這一季的專案，只要達成多少的銷售目標，理專還有總行就能得到多少回饋。

記得筆者曾經與某銀行高層討論到未來財富管理的問題，筆者認為要使用 ETF 或 CEF 這種對投資人有利的商品為主，當時高層一口否決，堅決要使用共同基金。

因為共同基金才有專案（金融業的行話：上架費），這樣銀行才能賺取基金公司的經理費退佣（行話叫退 BP），所以共同基金的心思多數是放在製造話題，很少有心思放在好好管理投資人的資金。

並且台灣即使是管理大家的勞退基金、退休基金，都常常發生舞弊的案件，台灣基金公司的專業與操守，不值得信任。

封閉式基金（CEF）就沒有上述這幾種利害衝突，因為封閉式基金只有在 IPO 的期間需要對外行銷，其餘因為結構的關係，除了再募集之外，基金經理人無法再獲得新資金的支持。

如果基金經理人想幫自己加薪，增加管理費，那麼只有一條路：做好績效。

讓規模因為報酬率好，規模從 100 億，成長到 200 億、300 億、500 億。自然經理人的經理費就乘以 2、乘以 3、乘以 5，如果做不好，基金規模因為績效差而變少，經理人自然被減薪。

經理人（基金公司）想多賺一點？沒問題，憑本事讓績效說話，自然就多賺。這樣結構下的 CEF 經理人（基金公司），自然是拿出渾身解術把績效做好做滿，因為做得越好，他的報酬也越好，反之亦然，利害關係與投資人同步！

CEF 的基金規模 IPO 之後不再增減，如果想要買 CEF，就必須到股票市場上跟持有人購買，基金規模也不會因為績效很好，讓投資人很熱情的申購而造成基金資產過度膨脹。

因此經理人拿到資金之後，便可以依照自己當初設定的投資策略執行，應該持有到到期就會持有到到期，該做短線交易的就做短線交易；該做長線投資的，就做長線投資。

但是共同基金（開放基金）就不是這麼回事了，如果市場大好，績效一好，一堆散戶投資人就大量申購基金，因此基金規模暴增，經理人拿到錢之後，又不得不買股票，即使經理人認為股票貴了，因為散戶投資人的申購，不得不買，只好追高了。

2013 年生技市場大好，富蘭克林生技領航基金，因為投資人大量申購，最後被迫追高，投資人仍是積極加碼，最後富蘭克林只好停止申購，避免規模無限制擴大，影響原始投資人的權益。

反之，如果市場不好，績效落後，一堆散戶投資人就大量贖回基金，因此基金規模暴減，經理人又不得不賣股票，把錢退回給散戶投資人。即使經理人認為股票太便宜了，應該加碼，因為散戶投資人贖回的關係，不得不賣，只好殺低了。

因為共同基金規模暴增暴減而影響操作策略，無法穩健地達成當初對投資人承諾的報酬率與波動目標，因此在投資穩健度上，封閉式基金 CEF 也是大勝開放式基金。

綜合上面的分析與說明，CEF 是目前投資類型中最值得深入研究的商品，可惜台灣的主管機關在 2020 年 6 月禁止了這類型商品的交易，迫使很多投資人的資金出走到美國券商。這是很糟糕的一件事情，期待我們能早日開放這樣的好商品，造福台灣投資人。

5.3 交易所交易基金（ETF）的概述與介紹

為什麼要介紹 ETF，ETF 是目前投資市場最火熱的商品。目前台灣最大的 ETF 供應商是元大投信，台灣前幾大的 ETF 例如 0050、0056、T50 反 1，都是元大投信發行的 ETF。這些是什麼商品？其中又有什麼細節是我們需要知道的？本文細細解說相關重點。

ETF 英文全名是 Exchange Traded Fund，直譯可翻譯為交易所交易基金或交易所買賣基金。

對一般投資人來說，最簡單的理解方式就是，買賣方式跟買台股一樣。例如 0050、0056、006205 都是屬於 ETF 的範疇中。而這些 ETF 要做細分種類與區別，就可以用筆者下面的分類方式，跟其他資產類別做個區隔。

交易方式：

主要的交易發生在股票交易的集中市場中做買賣。ETF 交易所交易基金這是一個基金形式的商品，但是交易的方式不同於我們熟知的共同基金，是向基金公司做申購與贖回，ETF 主要的交易發生在股票交易的集中市場中做買賣。

管理方式：

ETF 既然是基金，自然而然就分為主動操作與被動操作。

· 被動操作：追蹤指數以 0050、SPY 為例

最著名的 ETF 在台灣就叫做台灣五十（0050），成立於 2003 年，追蹤台灣市值最大的 50 檔股票的優勢，規模已從當年掛牌時的 35 億新台幣，增加到 2021 年的 1,300 多億台幣（資料截止日：2021 年 3 月 31 日元大投信）。

在美股中，台灣人最熟悉 ETF 莫過於美國 SPY，由道富資產管理公司發行於 AMEX（美國交易所），掛牌美股代號是 SPY，市場暱稱「蜘蛛」，是被動追蹤標準普爾 500 指數，也是目前全球資產規模最大的一檔 ETF。

- **主動操作：追蹤自己創造的指數或按照選股邏輯優化後的指數型 ETF**

以 00878 及美股代號 EPS 為例。

最近最為火紅的 ESG 相關基金或 ETF，原本是沒有指數可以參考的，而投資機構請指數公司發明了一個指數，讓它追蹤或是原指數中加上自己的篩選邏輯而成，是主動的選股邏輯，而非被動的追蹤指數。

國泰台灣 ESG 永續高股息 ETF 基金的篩選邏輯，成分股以 MSCI 台灣指數為基本選樣範圍，篩選 MSCI ESG 評級為 BB（含）以上且 MSCI ESG 爭議分數達 3 分（含）以上之個股，依調整後股息殖利率排序取前 30 檔，並以調整後股息殖利率為權重分配之標準，以捕捉台灣兼具永續與高息兩大特徵之企業的績效表現。

簡單來說，這是從指數中按照特定邏輯選股的主動選股 ETF，而非被動的接受指數的配置而成。

美國著名的 Smart Beta 公司 WisdomTree 中大型股公司 ETF，美股代號 EPS，他的選股邏輯：WisdomTree U.S. LargeCap Fund* seeks to track the investment results of earnings-generating large-cap companies in the U.S. equity market.

翻譯成中文：他們追蹤股息大型公司（市值前 500 大公司），按照股息收益高低作為權重大小的分布，然後組成這一檔 ETF。

這就是主動操作與選股邏輯的 ETF，以股息收益大小選股，做成的 SmartBeta ETF，與我們傳統認為的被動投資完全不同。

甚至是筆者曾經在部落格中提到的 ANGL，墮落天使高收益債 ETF，是追蹤 ICE US Fallen Angel High Yield 10% Constrained Index，按這個指數選出來的債券作配置，而形成的特殊主動操作型的高收益債 ETF，跟追蹤指數的 HYG 高收益債 ETF 完全不同。

- **主動操作：主動型的 ETF**

  最著名的公司就是前陣子火熱的 ARK Investment，方舟投資公司所成立的幾檔主題性的 ETF，它的配置主要不是追蹤指數，而是按照公司選股邏輯的主動投資的基金。

  例如 ARKK：Aims to provide broad exposure to disruptive innovation. ARK believes innovations centered around artificial intelligence, robotics, energy storage, DNA sequencing, and blockchain technology will change the way the world works and deliver outsized growth as industries transform.

  翻譯成中文：在為顛覆性創新提供廣泛的機會。 ARK 相信圍繞人工智能、機器人技術、能量存儲、DNA 測序和區塊鏈技術的創新，將改變世界的運作方式，並隨著行業轉型而實現超大型增長。

  因此這一檔 ETF，是主動操作的 ETF，甚至過去有一段時間這檔基金最大的持倉是比特幣，而在 2020 年此基金的最大持倉是特斯拉（美股代號：TSLA）。

使用工具：

- **實物 ETF：** 例如美股代號 GLD、港股代號 2840 這是同一檔 ETF，掛牌交易所不同，因此代號不同。

  在公開說明書中就說明了：SPDR 黃金 ETF 旨在向投資者提供一種既可參與黃金市場而無需交收實物黃金、同時能於受監管證券交易所，以證券交易方式買賣黃金的方法。

  SPDR 黃金 ETF 的引入，旨在降低阻礙投資者投資黃金的眾多門檻，如交易、保管黃金及交易費用等。

  保管方式：SPDR 黃金 ETF 代表於本信託之部分及不可分割實際權益，其唯一資產為黃金及不時產生之現金。

  因此，這一檔 ETF 的運作模式是協助投資人實體買進黃金，並且管理，然後透過這些實體黃金的持倉，完成投資人想要參與黃金市場漲跌的目標。

它的交易成本就等於股票買賣的成本，比台灣現行的黃金存摺超高的買賣價差與手續費相比，是更好的工具。

- **期貨型 ETF**：例如期元大 S&P 黃金（股票代號 00635U）。

正常投資人看到這個名稱，會以它是黃金 ETF，的確這個黃金 ETF 的波動，跟黃金現貨波動的確是有高度正相關，但是它內涵的組成成分是期貨，因此它會有期貨正逆價差的問題、期貨轉倉成本的問題，讓它追蹤黃金價格的效益相對減少，無法像 GLD 持有實體黃金一樣，擁有幾乎完全相等的追蹤效果。

期元大 S&P 黃金（股票代號 00635U）在公開說明書中，也說明了它追蹤的方式。黃金期貨 ETF，是以純粹持有黃金期貨作為組成方式的黃金 ETF。黃金期貨 ETF 收到申購金額之後，便依據所追蹤之黃金期貨指數編製規則，轉往買入總契約價值與該申購金額約當相同的黃金期貨口數，完成黃金期貨 ETF 追蹤黃金期貨指數之目的。

因此期元大 S&P 黃金，它的本質是期貨。

- **股票型 ETF**：例如 GDX 黃金礦業指數型 ETF

同樣是與黃金相關的 ETF，GDX 就是實際在交易市場買股票而形成的 ETF。主要的買進標的是生產黃金與開採礦業相關的公司股票作為主題的 ETF。相較於上面兩個實體黃金、期貨黃金 ETF，這一檔 GDX 追蹤黃金價格漲跌的效果更差一些。

- **債券型 ETF**：例如 IEI、IEF、TLT

分別為美國 3～7 年短天期美國公債、美國 7～10 年中天期美國公債、美國 20 年期以上長天期公債，這些 ETF 就是實際買美國公債持有，協助投資人按照天期長短做分類的 ETF。

- **槓桿反向型 ETF**：以元大台灣 50 反一（00632R）為代表

它的組成就是在期貨市場放空加權指數，試圖複製反向台灣 50 的效果。

其他如富邦上證正二（00633L）、元大滬深 300 正二（00637L），都是採取做多新加坡交易所的 A50 期貨，用以追蹤上證指數與滬深 300，期待能做到單日兩倍的報酬率的期貨型 ETF。

大家會有個疑問，用 A50 追蹤上證指數跟滬深 300 會準確嗎？筆者的答覆是：當然完全不準，因此上述兩個標的追蹤離差非常大。

- **特殊型 ETF**：衍生商品組成的 ETF

多分布在單日三倍做多、單日三倍做空的 ETF。2020 年 3 月原油價格曾經一天下跌 33%，WisdomTree 旗下兩檔三倍槓桿的原油 ETP，分別做多布蘭特原油和西德州中級原油，價值消滅殆盡，下市告終。這兩檔 ETP 合併資產原本達 1.04 億美元。（註：ETP 種類包括 ETN 與 ETF）

因此筆者認為台灣交易所所翻譯的 ETF 為股票指數型基金，這個翻譯是錯誤的，上面有多個例子可以說明 ETF 的多元性與獨特性，用中文名「指數股票型基金」作為 ETF 的官方翻譯，問題不小。

上述是一些基本認識，而筆者建議使用的工具，會以被動型投資、追蹤指數的 ETF 為主，例如：QQQ、SPY、VT、VTI、0050 等 ETF 為主。

第三部分

從總經到個股，
從個股到總經

CHAPTER
第六章
無風險利率循環投資法的操作系統

6.1 無風險利率循環投資法

　　這個方式有別於過去景氣循環投資法，我們只專注於美國十年期公債殖利率的循環，如同我們第一章所說的細節，美國十年期公債殖利率是反覆循環的，跟隨著景氣變化與市場氛圍都會影響它的波動，但殖利率循環的軌跡與方式每一次都相同，都是「上升→下降→上升→下降」這樣的規律循環。

　　而它背後的代表，就是景氣從衰退進入到復甦，再從復甦進入到成熟，從成熟最後崩盤，每一次的循環都是一次財富重新分配的開始。

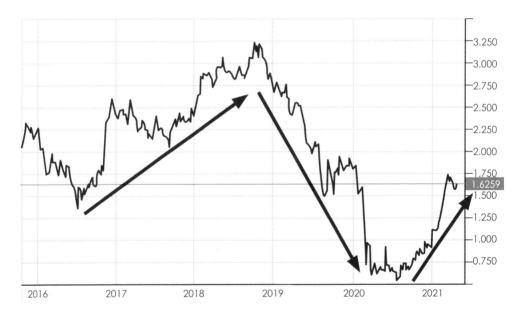

圖 6-1 美國十年期公債殖利率有固定的波動模式

資料來源：https：//tradingeconomics.com/

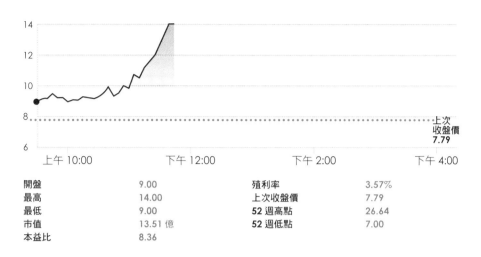

開盤	9.00	殖利率	3.57%
最高	14.00	上次收盤價	7.79
最低	9.00	52 週高點	26.64
市值	13.51 億	52 週低點	7.00
本益比	8.36		

圖 6-2 特別股 ATCO-G 的股價波動

資料來源：Google

最近的一次財富重新分配就是 2020 年開始的 Covid 19 所造成的全體股市重挫，如果在 Covid 19 當下還能夠冷靜判斷股票的價值，並且執行買進，您可能會享受到短期間極端的報酬，如圖 6-2 特別股的標的 ATCO-G 當作例子。前一天收盤價 7.79 元，當日盤中上漲幅度已經來到 79%，最後當日收盤價來到 15 元，漲幅將近 100%。以 2021 年 4 月收盤價 25.39，漲幅超過 200%，並且 7.79 元買進時，還有將近 18% 殖利率。

從上面的例子我們可以發現，如果一個股票能夠買到相對低點，那麼長期的報酬率會被拉高很多，那麼本書的其中一個重點就是我們希望透過了解殖利率的循環，然後將我們的股票能夠買到相對的低點，並且能夠藉此降低極端風險來臨時整體投資組合的波動。

在美國十年期公債殖利率上升的循環時，儘量降低避險型的資產，例如：現金、公債等部位，讓整個資產儘量地投入風險型資產，例如：股票、高收債、投資等級債、特別股等。甚至過去有一些比較積極的投資人，是完全投入股市，並且使用指數化投資，長期也能獲得 7%～8% 的報酬率。

7%～8%的報酬率，一般投資人都會覺得這有什麼了不起？跟大家分享一個簡單的法則叫 72 法則，假設年化報酬率為 8%，我們用 8 去除以 72 會算出來 9 這個數字。9 這個數字代表假設我們每年年化報酬率 8%，我們的總資產每 9 年會翻一倍。

　　9 年翻一倍很慢？複利報酬率驚人的地方不是初始，而是來自於不斷的翻倍，假設我們 20 歲的時候，投入 100 萬進入一個長期投資報酬率 8% 的資產，在 29 歲的時候資產會成長到 200 萬，38 歲的時候會變成 400 萬，47 歲的時候會變成 800 萬，56 歲的時候會來到 1600 萬，到退休 65 歲時資產會來到 3200 萬，呈現等比級數的向上。而這是初始本金 100 萬，並且後面沒有再加碼的狀況，如果能夠持續加碼，整個投資部位過億，只是時間上的問題。

　　正如同巴菲特在《雪球》一書所說：「人生就像滾雪球，你只要找到濕的雪和很長的坡道，雪球就會越滾越大。」

　　而無風險利率循環投資法，根據筆者自身實證超過 10 年的經驗，年化報酬率超過 10%，並且在 2019 年 2 月～2021 年 3 月，剛好經過一次完整的殖利率循環的衰退期與復甦期初期，並且我們避險執行得非常好，在殖利率循環的復甦期就大量佈局股票，目前整體的資產報酬率應該落在 15% 附近。

　　記得過去金融業的同事跟我分享過一件事情，他做過無數次的回測，做過基本面、技術面，甚至各種交易模型，無論是長期買入持有、定期定額 MDD 買入的策略，最終的結果是報酬率幾乎與大盤相去不遠，年化報酬率 7%～8% 之間。但是為數眾多中的回測中，只有一種能顯著的超越大盤的走勢，甚至來到大盤報酬率的 2 倍左右，就是全數讓自己的部位買在相對低點，這樣長期報酬率就會顯著的勝過大盤。

　　經過這樣的啟發，筆者就不斷在實證中尋找方法，最終透過長時間的摸索，筆者認為這個方法最有可能達成上述的狀況，讓自己大部分的資產買在相對低點。

　　實務上我們要怎麼做？下一節做分曉。

6.2 無風險利率循環投資法的起源

　　會有這樣的想法來自於筆者的一位大客戶當時的感慨，他在 2018 年看到市場大幅度震盪，並且 2018 年底發生了新聞號稱史上最慘的聖誕節事件，因此讓他興起了放空股市的念頭。可是自從他 2018 年底放空股市之後，便遭逢市場強力反彈，直到 2019 年 2 月農曆年前，我們在台北信義區南山人壽的星巴克坐下來談投資規劃的時候，他有感而發地講了一句話：「不知道有沒有一個商品，在市場多頭的時候不會賠錢，但是市場空頭的時候，可以大賺。」

　　就是這麼一句話深深打中了筆者的想法，「市場空頭的時候可以大賺，但是市場多頭的時候不會賠錢，有沒有這樣的商品？」筆者搜尋腦中的資料庫，思考許久之後，有一個商品浮現出來了，那叫做「美國長天期公債」！

　　會有這種想法是筆者過去不斷思考一件事情，就是如何避開大跌的期間，並且能夠保留資金在相對底部，一次買入較大量的部位。

　　這個問題一直存在筆者心中，直到客戶發生感嘆之後，我突然把過去這些思考能夠連結在一起了。

　　圖 6-3 為 2008 年時各類型股票資產的跌幅。我們可以觀察到，無論是什麼類型的股票，全數都是重挫的，並且新興市場股票跌幅還來到 50%以上（台灣就是新興市場股票）。

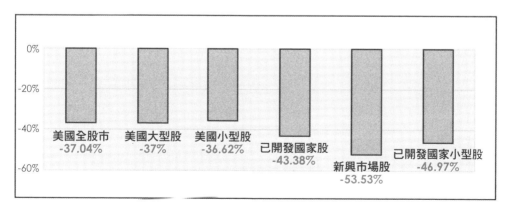

圖 6-3 2008 全球股票市場的表現

資料來源：作者整理

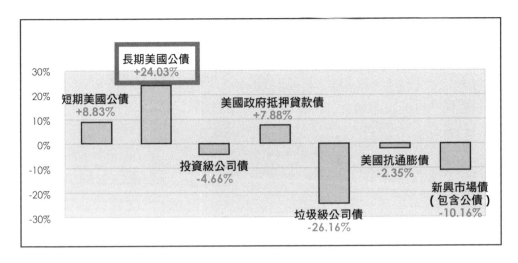

圖 6-4 2008全球各類別債券的表現

資料來源：作者整理

然而，圖 6-4 為 2008 年時各類型債券的漲跌。

我們發現，即使是債券，面對金融海嘯這樣的劇烈變動，也是漲跌互見，甚至只有兩個資產類別是維持正報酬：美國政府抵押貸款債與美國公債這兩個資產類別。

因此，筆者就鎖定美國長天期公債作為這次避險的主角，而過去筆者的研究中也有一份資料顯示，美國長天期公債的波動率其實與美國標普 500 相當，這代表當美國標普 500 向下波動的時候，美國長天期公債會相對應的向上波動，因為美國標普 500 指數與美國長天期公債的相關係數為-0.89，也是高度負相關。

在 2019 年中時，筆者就做了圖 6-5，並且帶入債券價格計算的模型，這個模型經過筆者的簡化，應用起來更方便。

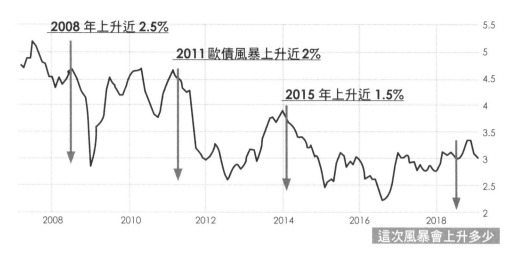

圖 6-5 歷次金融風暴美國十年期公債的波動幅度
資料來源：作者整理

　　關鍵就是存續期間，美國長天期公債的存續期間假設是 20 好了，而筆者就應用這個數據，回推 2008 年長天期公債的理論漲幅會是 20×2.5%=50%。

　　實際上，筆者回測過去美國長天期公債的漲幅，的確如理論值一樣最大的上漲幅度與理論值算出來幾乎一致，上漲了 50%。

債券定價模型 (簡易)

存續期間 X 美國十年公債殖利率變動數

圖 6-6
資料來源：作者整理

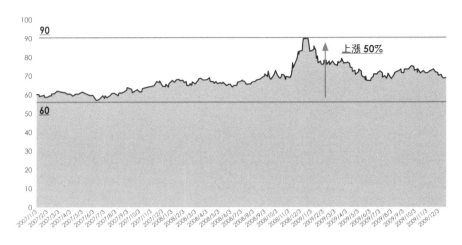

図 6-7 2007至2009年金融海嘯時美國公債的表現

資料來源：筆者整理

並且除了金融海嘯有這樣的狀況之外，金融海嘯之後的歐債風暴也一樣。歐債風暴當時，美國十年期公債殖利率從 3%～1%＞中間幅度是 2%

套入公式之後計算出來：20×2%=40%

理論計算的結果是美國長天期公債在這一段期間要上漲 40%。實際的結果是歐債風暴中，美國長天期公債最高上漲了 43%，也幾乎跟理論值相當。

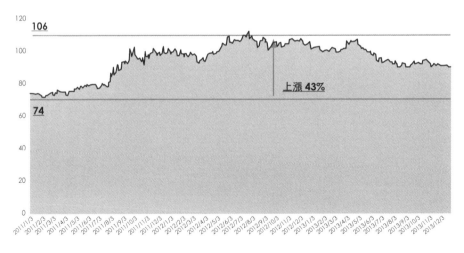

圖 6-8 2011至2013年歐債風暴美國公債表現

因此筆者做完這個研究之後，就在 2019 年與客戶說明買美國公債的重點。

在 2019 年至2020 年 2 月這一段時間，筆者總共建立了超過新台幣 2 億元的美國公債持倉。

當時的想法很簡單，殖利率是一個循環，我們唯一不確定的是，我們不知道未來什麼時候會發生殖利率循環的衰退期，造成整個資產重挫，並且在公債大漲這樣的階段，但是我們可以確定的就是，這個循環在未來的 3 年內發生的機率很高。

2008 年金融海嘯＞2012 年歐債風暴＞2015 年新興市場危機，中間每次的端點都是相差 3～4 年，而 2019 年當下，已經超過了這個臨界值，因此即便在未來 3 年內發生這樣的情況，按照假設：美國十年期公債殖利率將會從 3%＞1%，代表我們未來買入長天期公債的預期報酬率會有 40%，除以 3 年，年化報酬率也來到 10%以上。這樣的等待不會是沒有報酬的，並且在等待的途中，我們還能夠獲取每年 3%的利率。

因此最終，我們決策買入美國長天期公債作為避險。

6.3 美國公債投資實務：2020 年 3 月之前

美國十年期公債殖利率長期都是相同的循環樣態，每一個循環短則 3 年、長則 5 年，並且每次的模式都一樣。

我們就舉最近一次的循環，2015 年至 2021 年 4 月，美國十年期公債殖利率循環：「復甦→成熟→衰退→復甦→成熟→衰退→復甦→成熟→衰退」，週而復始的循環。

2021 年是筆者認定的復甦期。

每一個時期都有各類資產遇到當下環境特別容易上漲的狀況。美國長天期公債就是透過這個殖利率循環中最容易理解與佈局的商品。

不過在這之前，我們得複習一下美國公債理論上價格波動的計算方式與一些基本概念。

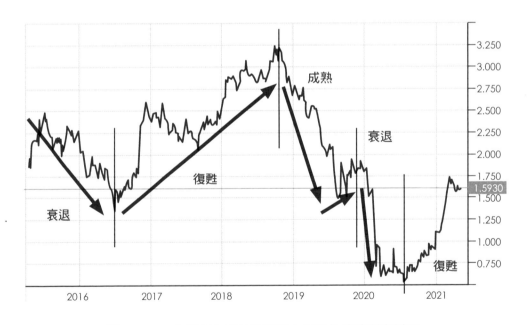

圖 6-9 2015年至2021年4月美國十年期公債殖利率循環

資料來源：https://tradingeconomics.com/ 與作者整理

- 美國公債殖利率與美國公債價值呈現反向的關係，意思是美國公債殖利率下行的時候，美國公債會上漲，美國公債殖利率上行的時候，美國公債會下跌。

  如圖 6-9，2020 年 1 月至 2020 年 4 月因為 Covid 19 的關係，美國公債殖利率循環進入到衰退期，當時殖利率從 1.8%最低來到 0.6%，而美國公債價格在這一段期間大漲。

  2020 年 11 月疫苗問世與美國選舉塵埃落定之後，不確定因素消失，因此公債因為避險風氣降低美國十年期公債殖利率開始上升，導致美國公債價格下跌。

- 債券價格波動的計算公式 :

  債券價格波動=美國十年期公債殖利率變動×存續期間

  假設一檔美國短期公債存續期間為 5，遇到上述殖利率從 1.8%→0.6%，這樣的狀況時，美國短期公債價格變動=1.2%×5=6%

  假設一檔美國長期公債存續期間為 20，遇到上述殖利率從 1.8%→0.6%，這樣的狀況時，美國短期公債價格變動=1.2%×20=24%

  因此我們就可以透過上面的一些基本知識，來規劃投資美國公債這一個工具。

  美國公債是什麼樣的商品？美國公債是美國財政部透過公債局發行的政府債券，美國政府以它的信用保證債券的信用。

  美國目前是全世界最強的國家、全球最大的消費國、全球 GDP 總數世界第一。

  信用評等：AAA

大致可分為四種：

- U.S. Treasury bill 叫作美國國庫券，簡稱 T-bill，為美國政府發行的短天期債券，到期天數分別為 4 週、13 週、26 週、52 週。

- U.S. Treasury Note 稱為美國國庫票據，簡稱 T-Note，發行期限在十年內，可分為 2 年、3 年、5 年、7 年。

- U.S. Treasury Bonds，英文簡稱 T-Bonds，發行期限在十年以上，年限有 10 年、20 年、30 年。

- Treasury Inflation Protected Securities 稱為美國國庫抗通膨債券，英文簡稱 TIPS。

在這我們主要的工具是英文簡稱 T-Bonds，發行期限在十年以上的長天期美國公債，筆者實際使用的投資標的是美國三十年公債與美國二十年以上公債 ETF：TLT，因為這個標的在能夠掌握美國十年期公債殖利率變動的時候，有很好的資本利得。

在 2019 年的時候，筆者就預設了將來必然會遇到風暴，只是下面幾點不確定：

- 風暴什麼時間會來？

- 這次風暴殖利率會波動多少%？

- 這次風暴會因為什麼理由發生？

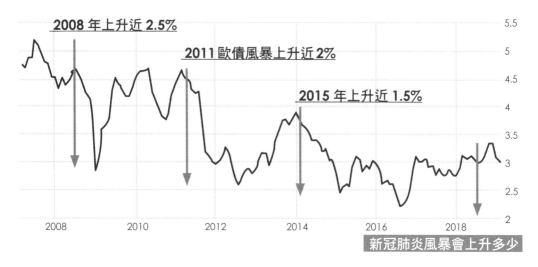

圖 6-10 歷次金融風暴美國十年期公債的波動幅度

資料來源：https：//tradingeconomics.com/ 與作者整理

因此面對這種狀況，我們就採取胡適名言：「大膽假設、小心求證」。

求證的過程，我們從 6.1、6.2 兩節詳細說明了過程以及理由，因此在 2019 年時我們採取前三次殖利率循環的平均值 2%作為預設（實際發生時是 2.5%以上的變動）。當時我們預設買入的標的是美國三十年期公債，根據存續期間理論，美國三十年期公債的存續期間大約是 20〜25 之間，我們假設的時候就假定存續期間是 20 年。

因此 2019 年時我們推估，如果這次金融風暴發生時，我們三十年期公債價格會有下面的波動：

公債價格是最貼近理論值的工具，每次金融風暴發生的時候，非美國、歐洲、日本公債的相關工具才有避險的功能，其餘非成熟市場公債與公司債會因為匯率與景氣因素，不按照理論值波動，因為非成熟市場公債與公司債會有信用風險，市場景氣有變動的時候，無論是國家或是公司都很可能受到景氣因素，造成公司或國家致命性的打擊，而成熟市場公債幾乎無信用風

險。其中美國，是全球信用評等最好的國家，因此美國公債是全球公認的避險工具，無論交易金額與成交量都是公債類型中最大的，因此筆者選擇美國公債作為主要的避險工具與各大法人同步。

債券價格波動=存續期間×美國十年期公債殖利率變動值

美國三十年公債債券價格波動=20×2%=40%

而這次實務上美國十年期公債殖利率變動 2.5%，按照理論值應該波動 50%。

從最低 114 到最高 176，波動也接近 50%，因此可以確認美國長天期公債的波動與理論值相當。

當美國公債價格出現最高峰之後，代表未來美國公債價格只會降低，很難提高了，因此筆者當時的操作就是在 3 月 10 日之前賣出手上所有因為避險而買進的長天期公債，當風險極盛與避險情緒激情過後，殖利率循環就進入下一個階段：復甦期。

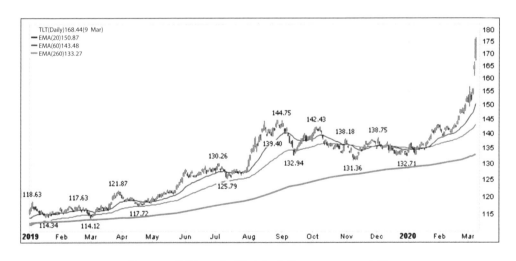

圖 6-11 美國 20 年期以上公債 ETF：TLT 走勢

資料來源：https：//stockcharts.com/

這就跟我們登山一樣，當我們登上玉山主峰，標高 3952 公尺的三角點之後，無論往前、往後、往左、往右走，海拔都比玉山三角點更低一些，也就是說公債價格在那之後，就必然往下走，因此筆者在理解這個狀況之後，毅然決然的賣出手上所有的公債。

如果您還記得前面幾個章節所敘述的，美國公債的價格與股票價格呈現反比，並且相關係數高達-0.89，那麼您就可以推測，當美國公債下跌的機率超高，反之就是股票價格上漲的機率也超高，因此筆者就按照過去學過的理論與經驗，做了這樣的轉換。

6.4 美國公債投資實務：2020 年 3 月之後

以上時間美國殖利率循環進入到復甦期，每一個時期都有它必然發生的狀況與資產價格的變動，而美國公債就是債殖利率循環中，比較容易掌握的工具。

在 2020 年 3 月之後，筆者出清了公債，一股不留，這時候必然會有些資產配置者不認同筆者的做法，因為他們喜歡特定的股債比例，無論是 5：5、6：4、7：3 都一樣，他們喜歡股債比，但是卻認為人們無法掌握股票的漲跌，的確，投資人很難掌握股票的漲跌，但是根據筆者發現的殖利率循環，我們可以很輕鬆地知道美國公債這個資產類別的走勢會如何。

為什麼筆者在 2020 年 3 月之後賣出所有公債？如同前篇所說的原因相同，因為公債的價格最高峰過後，未來必然是走下坡的，筆者哪來的把握說這樣的話，做這樣的事情？

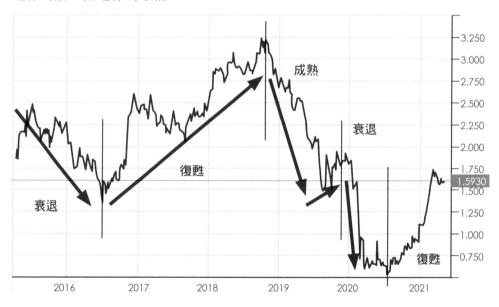

圖 6-12 2015年至2021年4月美國十年期公債殖利率循環

- 當時美國聯準會已經降低基準利率到 0%，也就是說除了 FED，未來將利率降低到負數之外，再也沒有政策的利多，引導公債價格繼續往上，而當時筆者認為 FED 降低利率到負數的機率極低。

- 當美國聯準會已經降低基準利率到 0%，同時發生的事情：美國政府開始擴大寬鬆政策、發行失業救濟金、發行失業補助金，並且擴大內需等政策出台，這是貨幣政策與實質政策同時並行。

- 筆者的印象中，沒有貨幣政策與實質政策同時並行之下，還無法扭轉的實體經濟衰退的景況，也許未來有，但是不是這一次。

- 這次衰退的因素是 Covid 19，筆者請教了很多專業的醫師，他們認為未來半年到一年之間疫苗就會出現，並且 Covid 19 將會持續一陣子，並且未來 Covid 19 將會流感化。

- 筆者看過 SARS 之後的股市表現，只要恐慌過去，後市的表現通常不錯，而公債價格也會因為恐慌過去而下跌。

- 筆者研究的殖利率循環，也提供了一樣的結論。

因此基於上面六點因素，筆者決定在 2020 年 3 月之後全數投入股市，沒有放上任何公債部位作為避險之用。

並且當時無風險利率循環的經驗告訴我，就算在 2019 年 11 月（尚未發生 2021 年因 Covid19 的大跌），如果遇到公債十年期殖利率未來大跌的事件之後，公債價格因為風險發生大漲，如技術面的 C 波。

在不遠的將來，當風險過去經濟重新回到正軌，因避險需求大漲的美國公債將會被拋售，因此美國十年期殖利率必然會有大漲的狀況發生（如技術面的 D 波），這是一個週而復始的循環

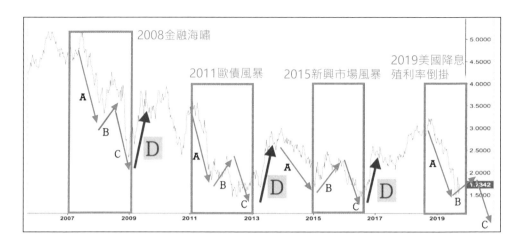

圖 6-13 歷史上殖利率

資料來源：https://tradingeconomics.com 與筆者整理

恰巧 2020 年 9 月 24 日在美國選舉塵埃落定與疫苗誕生之前，有一位網友向我提問了下面這個問題：

9 月 24 日（四）

想請問一個債券方面的問題。現在國債收益率這麼低，在 0.5-0.8% 左右，那麼價格上漲的動能似乎也將越來越弱空間也越來越小。所以作為資產配置的一部分，當股票下跌時，債券是不是會頂多不跌或小漲，還能發揮過往對股票產生反向較大幅度上漲對抗風險功能嗎？這幾天美股下跌 10%，但各類債券也跟著跌或是頂多不跌，確實沒有看到反向的功能，所以有此一問 (IEF TLT BND LQD)。謝謝！

在 2020 年 9 月 24 日之前，我認為放公債做資產配置是非常不聰明的做法。那當時的資產配置要怎麼做？

不知道大家是否聽過一句話：Cash is King（現金為王）。當時筆者認為現金是替代公債最好的選擇（詳情可以看本書第四章 4.2.3 避險工具）。

一個正確的做法是，在對的時間點、選擇對的配置、選擇對的商品。傳統的資產配置者，在錯誤的時間仍牢牢的抱緊公債，失去了彈性，也導致他們的避險資產當時下跌的風險是 100%，當時筆者是這樣想的。

2019～202009 的美國十年期公債殖利率如圖 6-14 的走向。

202003～202009 就是美國公債最貴的時刻，所以筆者心中的算盤是這樣打的：

· 從價差的角度來看：買公債是目前很糟糕的規劃，賠錢機率遠高於賺錢機率。

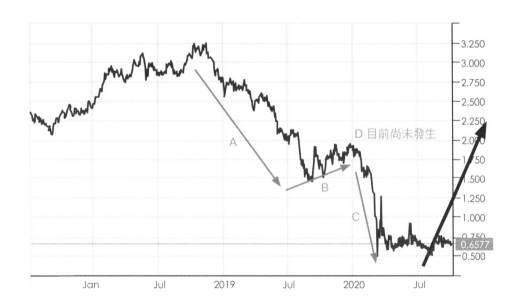

圖 6-14 2019年至2020年9月美國十年期公債殖利率走勢
資料來源：https://tradingeconomics.com 與筆者整理

- 從殖利率的角度來看：殖利率如網友所說 0.6%～1%，這樣的利率不如放定存（當時台灣定存利率有 0.8%）。

而目前 2021 年 5 月美國十年期公債殖利率是 1.5%以上，當時如果公債持有者從 2020 年 3 月之後持有美國公債到 2021 年 5 月，那麼美國公債的跌幅應該會落在 5%～20% 之間（端看持有公債的存續期間有多長）。

同一時間，當時筆者的客戶也問我，如果公債下跌的機率很高，那麼是否放空公債會是好的選擇？

筆者的答覆是：沒錯，放空長天期公債的確是好選擇，勝算很高，放一年應該賺 10%～20% 沒什麼問題。但是這個報酬率與買股票相比，買股票可能會更好一些。當時筆者認為，如果做放空公債可以選反向長天期公債 ETF：TBF

實際上，筆者在這一段時間不選擇配置反向長天期公債 ETF，而選擇買股票型 ETF。

為什麼買股票型 ETF？因為美國公債與美國標普 500 指數相關係數為-0.89，只要美國公債波段下跌，美國股票就會波段上漲。而且筆者認為股票型 ETF 的漲幅會高於反向長天期公債 ETF 的漲幅。

到了 2021 年 4 月底，這樣的差別已經明顯呈現在報酬率上面了。

三個標的分別為：SPY、TBF、TLT

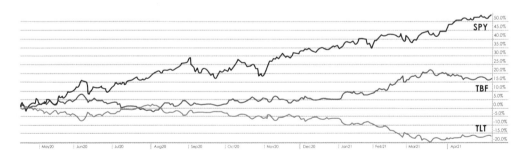

圖 6-15 2020年3月至2021年4月SPY、TBF、TLT走向

資料來源：https://stockcharts.com/ 與作者整理，資料期間為 2020 / 3 ～ 2021 / 4

那麼復甦期會走多遠？按照過去的經驗，復甦期跟成熟期大約都在 1～2 年之間，衰退期大約是半年到 1 年之間，每一個殖利率循環的週期都是 3～5 年之間，因此我們就可以按時間週期推估，我們應該要進行佈局的時期。

　　例如，衰退期的時候公債必然大漲，那麼我們在它的前一個時期，就要買入公債作為避險工具；復甦期是公債價格必然下跌的階段，因此我們要在衰退期的時候，就預先賣出所有公債；在成熟期，公債將會緩步上漲，因此我們在復甦期的後期、成熟期的初期，就要開始佈局公債，並且承擔公債的波動。

　　我們所有的事情都要預先佈局，而不是等到了事實發生後，才急急忙忙的亂追亂買。

　　投資無非就是做好兩件事情：選股、選時。

　　選擇正確的標的，並且在對的時間買入與持有，這樣就能讓整體的投資報酬率提高。而選時這一門功課，筆者就採用了殖利率循環這樣的評估方式。

　　其實投資是一件勝率很低的事情，整個勝率不過只有四分之一，怎麼說？

　　選股正確了，但買錯時間點，那麼還是會賠錢。

　　選股錯誤了，但買在對的時間點，結果是成效不彰。

　　選股錯誤了，買在錯誤的時間點，更是會大賠。

　　只有選股正確，並且買在正確的時間點，才能獲得不錯的成績。

　　理解殖利率循環，理解殖利率循環各個階段相對應的資產類別的表現，就能讓我們在正確的時候選擇正確的資產類別，趨吉避凶，提高投資效益。

6.5 美元弱勢的投資經驗

美元是美國的貨幣、全球的麻煩。美元只要上漲，全球的股市、匯市都會受到相當程度的影響。那麼反過來說，美元只要下跌，全球的股市、匯市就會受到相當程度的激勵！

美元是兩面刃，上漲的時候會造成動盪，它下跌的時候會讓市場向上，因此我們投資需要非常理解美元的漲跌。

在第二章中最重要的兩個知識：美元與其他貨幣，大多是呈現反向的關係；美元與原物料，也是呈現反向的關係。

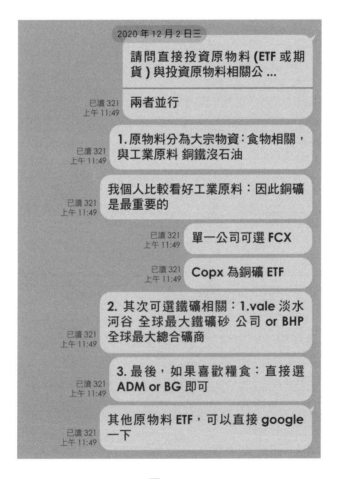

圖 6-16

在實務的經驗上，我們就可以透過這樣的理解作出投資佈局。在 2020 年 12 月 2 日時筆者就跟客戶討論，因為美元弱勢的投資方針，筆者認為如果美元持續波動弱勢，最有機會因此上漲的是原物料相關族群。

筆者當時提出自己的想法：

- 當時 2020 年 12 月的經濟環境是 Covid 19 復甦，並且伴隨著經濟成長，因此本身的經濟環境就會讓原物料的需求提升。

銅更是受惠者，「銅」素有銅博士之稱號，因為「銅」的工業用途很廣，銅導熱性和導電性高，加工容易，也是耐用的金屬，更是半導體封裝中最重要的金屬（黃金是最好的導熱與導電金屬，但是成本高昂，因此銅是 CP 值較高的選擇），並且銅本身可以多次回收循環使用而無損其效能。

故也常被用做建築材料以及電信電纜的主要金屬，追蹤銅價，通常間接觀察到全球電子零件及建築、房地產動向，因此「銅價」通常被視為經濟指標。

近期更因為電動車的火熱議題，讓銅更是居高不下，原本一台汽油自小客車用銅量約是 15 公斤，而電動車需要的銅量是汽車車的 4 倍以上。

表 6-1 各類型電動車所需銅用量

混和動力車 (HEV)	40 公斤
插電式混合動力車 (PHEV)	60 公斤
純電動車 (BEV)	83 公斤
混合動力巴士 (Ebus HEV)	89 公斤
純電動巴士 (Ebus BEV)	224～369 公斤 *

＊註：視電池大小而定

資料來源：路透社

- 如果景氣復甦，除了銅礦會因此上漲之外，鐵礦砂也是景氣復甦的重要金屬，鐵礦砂的用途主要是用在基礎建設以及工業用途，也是重要的工業金屬之一。

透過我們理解美元弱勢的趨勢，輔以當時景氣環境的判斷，我們討論出投資銅礦與鐵礦相關公司的決策。

果然，在美元弱勢環境與總體經濟的推波助瀾之下，原物料族群在這一個期間有相當的漲幅。

因此，美元強弱趨勢的判斷也能夠當成決策未來的準則，美元弱勢做多原物料相關族群，美元強勢則需要避開原物料的跌勢。

更甚者，如果您深入閱讀第二章相關的知識，美元與所有匯率都呈現反向的關係，而新興市場的股市與匯率呈現同向的關係。因此從第二章的知識我們可以多得知一點：美元與新興市場的股市呈現反向的關係。

台灣就是新興市場的其中一員，因此美元弱勢，台股容易走強。

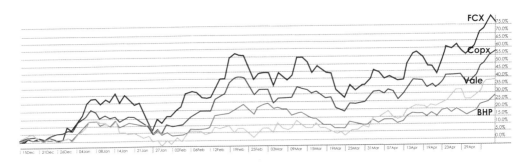

圖 6-17 2020 年 12 月至 2021 年 5 月 10 日原物料相關公司的報酬率

資料來源：https://stockcharts.com/ 與作者整理

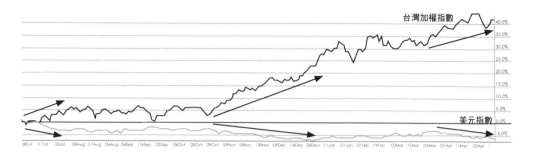

圖 6-18 台灣加權指數與美元指數關係圖（期間：2020 / 07 / 08～2021 / 05 / 10）

資料來源：https：//stockcharts.com/ 與作者整理

　　經過上面兩個例子的經驗，美元指數是一個重要的關鍵因素，只要能知道美元未來的走向，我們至少就能判斷兩大類資產的走勢：新興市場股市的趨勢以及原物料的趨勢，這對我們的投資來說，就會簡單一些。

　　而美元指數如何觀察與預測？我們可以觀察聯準會對升息與寬鬆的態度。聯準會如果未來即將結束寬鬆或是準備要升息，那麼就代表聯準會準備收緊美元的流動性，這會讓美元比較容易上漲。因此我們只需要把注意力放在聯準會身上，聯準會的一舉一動都會讓市場產生震盪。

　　最後本書第二章是非常重要的章節，建議讀者多閱讀幾次，把美元與匯率及原物料的相關知識牢記，這樣在美元由弱轉強，或是由強轉弱的時候，都能夠正確知道哪些商品即將受到影響，進而趨吉避凶。

CHAPTER
第七章
知識的整合與實踐

7.1 落一葉而知秋，我們如何綜合這麼多的知識？

投資中最重要的兩個課題是：選股與擇時，本書中介紹了兩大定價基礎：美元與美國十年期公債殖利率，分別對選股與擇時中佔了重要的關鍵因素。

例如：當我們確認美元為多頭的時候，我們立刻就應該可以想到：

· 美元多頭，其他匯率空頭；其他匯率空頭，新興市場股市、債市、匯市就比較容易下跌。如果這時候我們要投資，就應該可以判斷，要避開新興市場的相關標的。

· 反之，美元空頭時，其他匯率多頭；其他匯率多頭，新興市場股市、債市、匯市就比較容易上漲。

如果這時候我們要投資，就應該可以判斷，就可以選擇新興市場的相關標的。

如果想到更深入的投資人也可以知道，有些新興市場國家是以出產原物料為主的國家：例如巴西、南非等國，因此當美元多頭的時候，這些國家的震盪必然非常劇烈。反之，如果是美元空頭，這些國家的上漲幅度也相對穩健。

因此，光是美元的上漲或下跌：

· 它可以協助我們選擇順應趨勢與天時，不要逆風而行。

· 如果美元漲跌趨勢的應用技巧成熟，美元趨勢空頭時，我們還可找到上漲動能較強的原物料國家；反之，如果美元趨勢轉為多頭的時候，我們也能及早賣掉這些逆勢的標的。

這個方法是由上到下的方法。

古人有一句話叫「覆巢之下無完卵；風起了，豬也能飛天」。

這些都是基本的知識，但是我們如何應用在日常生活？有什麼東西可以與這些金融數字連結在一起的？

投資不只是很數學、很專業、很難理解的事情，只要能夠把生活中的小事連結就能知道了。當理解了美元指數與原物料是反向的關係，因此我們日常生活中都會使用的能源石油與婚嫁必備品的黃金就與美元趨勢有關係了。

開車到了加油站，要決定加滿還是加半桶好？以後油價會不會天天都便宜？這時候可以參考美元指數的趨勢。想要買結婚金飾，究竟是這個時候買比較好，還是下個月買會更好？這時候我們也可以參考美元指數的趨勢。

投資其實可以跟很多生活上的經驗連結在一起，只是我們需要先有一些基本的認知。筆者提供一個問題給大家思考：保險業務人員常常來家中推銷保險，說得天花亂墜，說買保險有多好，筆者也認同。的確買保險有很多好處，筆者的問題是，買保險儲蓄比較好，還是買保險公司的股票比較好？2021 年的環境是壽險為主的金控公司 EPS 持續創新高。

筆者再多提供一個問題給大家思考：一般人的理財通常是去銀行買基金，理專通常說得天花亂墜，說買基金有多好，筆者也認同某些基金的確在短期間的績效很好。但筆者的問題是：買基金比較好，還是買基金公司比較好？2021 年的環境是基金公司的 EPS 與管理規模持續創新高。

我們的生活中，充滿了與投資相關的訊息與議題。台灣是多元宗教國家，但是七月半（鬼月）家家戶戶都會有中元普渡的習慣，都會買許多的雞、鴨、魚、肉、飲料水果等拜拜。筆者針對這個現象發現，食品製造商的股票，通常有股價的慣性與週期，在中元普渡前後，通常是股價最高峰，隨著中元普渡過後，股價就會慢慢回落，直到下次中元普渡。

生活中其實充滿了投資相關的訊息，只是我們能否在這生活中找到而已。學習投資不是一成不變與枯燥乏味的，只要用心，處處都是可以找到相關的應用。

7.2 建立一個好的投資筆記

過去曾經擔任過圍棋老師一職，圍棋是所有棋類中最高深與變化最多、最繁複的一種。其中復盤就是能讓自己快速成長，讓棋力進步的關鍵方法。復盤指的是當對局完畢後，復演該盤棋的紀錄，以檢討局中下法的優勝劣敗，同時提出假設，找出更好的方案。在反覆的推演與學習中，讓自己的棋力更為進步。

同樣的，要讓自己的投資知識更好，勝率更高，我們替自己的投資復盤就很重要了。

筆者過去做任何投資，都會做出一份完整的思維邏輯與分析，作為買進的基礎與依據。這份文件筆者簡單稱呼它就是投資筆記。投資筆記就與我們的日記一樣，記載著當時投資的想法與心情。

以下就是筆者在投資上必然記載的東西：

1. 美元指數的**趨勢**為何？

2. 美國十年期公債殖利率來到哪個階段？

3. 目前有什麼有利的因素

4. 目前有什麼不利的因素

5. 目前買入標的合理的估值為多少？

6. 買入標的過去的**數據**

7. 買入標的未來的發展與前景？

8. 如果遇到系統性風險的處理方式？

9. 如果遇到公司本身內部問題的處理方式？

我們透過上面必然記載的細節，我們就可以在未來的時間中，檢討現在做的事情是否正確，與檢討當時估計方法與推估是否合理及正確。

下面是筆者在記錄國喬（1312）的筆記：

當時筆者是 2020 年 6 月至 2020 年 7 月開始比較大量買進這一檔個股的。

背景環境：

· 當時筆者發現國喬主要的獲利來源是奇美鎮江的 ABS 銷售（2019 年奇美鎮江的獲利佔國喬獲利的二分之一，2020 年奇美鎮江的獲利佔國喬獲利的四分之三）：奇美鎮江為全球第一大 ABS 製造商，產業地位極度重要。

· 再者，ABS 為五大泛用塑膠中的其中一種，因此這一項原物料的漲跌與景氣有絕對的關聯。2020 年 7 年當時的環境是 Covid 19 漸漸獲得控制，並且需求端慢慢開始上漲，而奇美鎮江 ABS 報價已經開始上漲，相較於第二季，已經上漲超過 30%以上。

· 當時國喬的股價受到 Covid 19 的影響重挫，幾乎是最近 10 年的最低點。

因此筆者開始著手搜尋相關資訊的連結。

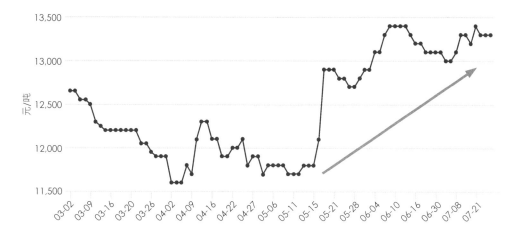

圖 7-1 2020 年 3 月至 2020 年 7 月 31 日奇美鎮江 ABS 報價
資料來源：http：//www.buyplas.com/ 與作者整理

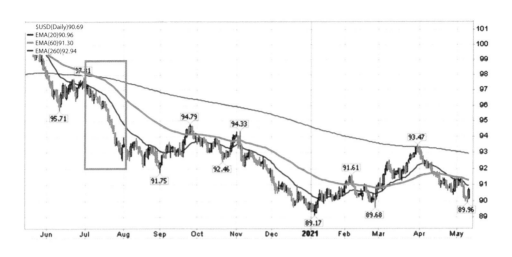

圖 7-2 2020 年 7 月美元指數走勢

資料來源：https://stockcharts.com/ 與作者整理

- 美元指數的**趨勢**為何？2020 年 7 月當時美元指數仍是相對空頭的**趨勢**，美元指數**趨勢**對原物料上漲有利，並且空頭趨勢有利於 ABS 報價持續上漲。

- 美國十年期公債殖利率來到哪個階段？

  當時美國公債殖利率在 3 月 10 日來到歷史最低，一直到 2020 年 7 月都沒有創低，因此這時候殖利率循環來到復甦期，而當時總經數據也開始復甦。

- 目前有什麼有利的因素？筆者當時的筆記記載：股價低檔價值尚未被發現，未來 EPS 成長可期，大環境因素也對股價的提升有利。

- 如前有什麼不利的因素？疫苗尚未出現，需求很可能隨著疫情再次爆發而萎縮，美國大選結果尚未出爐，不確定因素高。

- 目前買入標的合理的估值為多少？

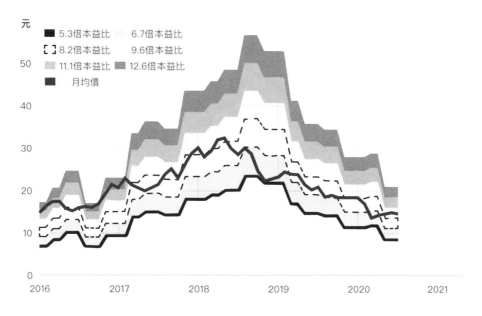

目前股價位於本益比
5年低點

目前股價位 5 年本益比河流圖最下方藍色區域，代表從獲利角度來看，
公司股價來到 5 年來的低點。如果公司未來營運成長性與過去 5 年差不
多，則目前股價可能低估。

圖 7-3 國喬的本益比河流圖

資料來源：財報狗網站

　　根據當時的本益比河流圖顯示本益比為歷史相對低點，估值相對合理且
便宜。

　　淨值比河流圖顯示股價淨值比為歷史相對低點，估值相對合理且便宜。

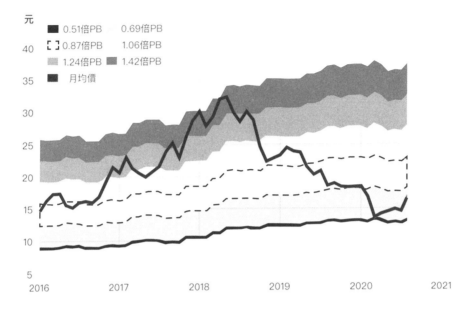

目前股價位於股淨比

5年偏低

目前股價位於 5 年股價淨值比河流圖下間淺藍區域，代表以淨值來看，公司股價來到 5 年來的中間偏低價位。如果公司未來營運成長性與過去 5 年差不多，則目前股價可能低估。

元

■ 0.51倍PB　　0.69倍PB
[ ] 0.87倍PB　1.06倍PB
▨ 1.24倍PB　■ 1.42倍PB
■ 月均價

圖 7-4 國喬的股價淨值比比河流圖

資料來源：財報狗網站

・ 買入標的未來的發展與前景？確認過去估值相對被低估，並且知道 ABS 與經濟發展有關，ABS 報價將持續上漲等有利因素，確認了公司營收獲利成長無虞。

・ 那麼，有什麼狀況會讓 ABS 急速下滑？大致上就只有 Covid 19 的持續影響了。

・ 如果遇到系統性風險？當時的估值已經是低估了，因此筆者當時打定主意，如果股價更低，應該加碼。

・ 如果遇到公司本身內部問題的處理方式？如果遇到公司誠信問題，筆者一律是停損。過去筆者有這樣的經驗，當時 F- 再生，因為禿鷹機構格勞克斯認為再生財報造假，因此狙擊 F- 再生，即使連續下跌 5 根跌停，筆者仍是停損。

2020 年 6 月之後 ABS 的報價果然如我所料開始提高。而國喬的 EPS 也逐季提高。由 2020 年第 3 季的單季 EPS：1.56 元提升至第 4 季的單季 EPS：2.18 元。全年則為 EPS：4.52 元。2021 年第 1 季單季 EPS 來到 2.13 元，因此按照目前資訊，國喬 2021 年全年 EPS 有望超越 2020 年 4.52，來到 5 元至 6 元之間

因此股票的價格從 2020 年 6 月（15～17）元，來到 2021 年 5 月 13 日的 25 元。

我們買入任何標的，必然要做詳細的評估與筆記，這樣我們才能從過去的經驗中獲得啟發，無論過去的經驗是好是壞、正確或是失敗。

當我們對過去的投資做了詳細的筆記之後，日後才有資料可以對照。一般投資人對過去的投資都沒有詳實做紀錄，或是只有聽聽隔壁老王講他最近又賺多少錢，然後我們沒有經過理性的思考就跟單，很容易造成原本開賓利車的，最近要換成開賓士車，原本開賓士車的，可能要換開國產車了。

知識要能夠累計，必須要有足夠的經驗與資料可供判讀，並且從每一次成功與失敗的經驗中萃取精華，讓整個知識與理論體系能順利提升，進而我們才有足夠的資料與經驗，更進一步發展出有邏輯的投資哲學。

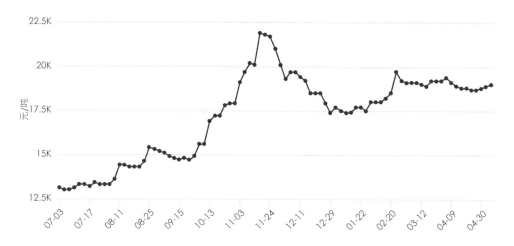

圖 7-5 2020 年 7 月至 2021 年 5 月 13 日奇美鎮江 ABS 報價

下圖資料來源：http：//www.buyplas.com/ 與作者整理

7.3 從個股看總經的好壞（上）：AB、ATCO

投資市場大概可分兩大流派，一個是**由上而下（Top-down）的選股方法**：分析方式**從總體經濟出發**，本書的重點是在於美元指數的影響與美國十年期公債殖利率的循環，影響著全球的景氣與各項資產的漲跌與互動關係。

另外一種是**由下而上（Bottom-up）的選股方法。是從個別公司情形出發**，兩種方法都有其各自的優勢。

而筆者過去其實是由下而上的投資者，最後因為領悟到覆巢之下無完卵這樣的概念之後，當 2008 年系統性風險來臨的時候，無論是多好多棒的公司，全數都是重挫收場的。因此筆者後來才開始注意總體經濟，因為掌握大方向，大方向準確之後，投資自然就不容易發生錯誤。

例如，在市場多頭的時候，逆勢而行，放空市場，只因為心中的估值認為股市過高，例如，在美元強勢的週期中，大肆加碼非美元貨幣，最慘烈的是加碼原物料國相關的貨幣（澳幣、南非幣）。

掌握大原則之後，我們沒有搞錯方向，那我們執行起來就會比較簡單。下面這些公司與大環境、大方向有交互影響的關係，也能當成我們判斷景氣與殖利率循環的佐證。

第一間公司聯博投信（美股代號 AB）：相信大家不陌生

通常只要走進銀行，理專推薦的第一個基金通常就是聯博基金，是全球知名的資產管理者，而台灣更是聯博投信重要的市場之一，尤其是聯博全高收一直是台灣境外基金最大者，並且台灣投資人佔該基金的 65.5%。2021 年 4 月投信公會的資料中，台灣人持有前十大基金就有兩檔是聯博投信的。

投信業本身做的是管理資產，並且按照管理資產規模收取管理費。那麼按照這樣的收費模式我們可以得知什麼？

簡單來說，投信的營收好壞，與市場上漲與下跌有密切的關連，只要市場開始上漲，投信公司的管理規模就會開始成長（因為股市上漲，因此資產規模變大），投資人也會因為資產上漲而讓投資意願升高，讓投信公司因為申購量增加，進一步讓管理資產規模正成長。

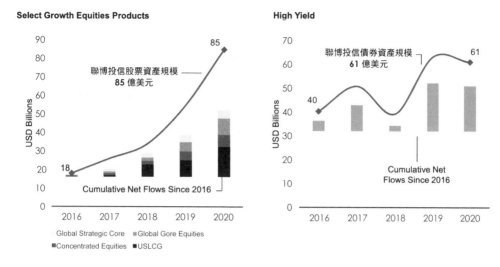

圖 7-6 隨著景氣成長聯博投信資產規模持續向上

資料來源：https：//www.alliancebernstein.com/

　　反之，如果市場開始震盪或是下跌，會讓大量的資金因為恐慌而贖回，讓整個投信的營收跟著獲利下滑。

　　整體來說：隨著景氣成長，聯博投信資產規模持續向上，尤其是股票的管理規模。因此，投信公司的規模與獲利跟股市狀況及總體經濟是互依互存的。

　　我們從投信公司的營收與獲利狀況，大致上就可以了解過去市場的趨勢與狀況。如果更細心的讀者，可以從投信公司對未來推估來了解未來的景氣狀況，當作對整體總經的佐證。

　　除了 AB（聯博投信）外，我們還可以觀察哪些公司？BLK 貝萊德（全球最大資產管理公司）、BEN（富蘭克林坦伯頓），都是可以觀察的行業指標。

　　最後提出一個觀點跟大家分享，大家都說買基金很好，因此台灣人除了買保險之外，多數是買基金，但是長期而言，基金公司的股票獲利，可能會比買基金更好得多，甚至能夠超越大盤（PS：超越大盤的基金不多，但是基金公司的股票卻能贏過大盤）。因此，筆者認為投資基金公司的股票，要比投資基金更好！

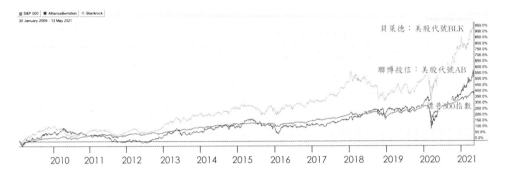

圖 7-7 2009 至 2021 年貝萊德與聯博投信股票報酬率

資料來源：https://stockcharts.com/ 與筆者整理，資料時間：2009-2021 / 05 / 14

圖 7-8 2020 年 7 月至 2021 年 5 月 13 日貝萊德與聯博投信股價報酬率

資料來源：https://stockcharts.com/ 與筆者整理，資料時間：2020 / 07〜2021 / 05 / 13

第二間公司 ATCO（原名西斯班公司）：全球第一大租船公司

這間公司是美國華盛頓集團的一員，目前擁有發電廠與原西斯班公司的租船業務。這間公司的產業地位是全球第一大貨櫃船租船公司。

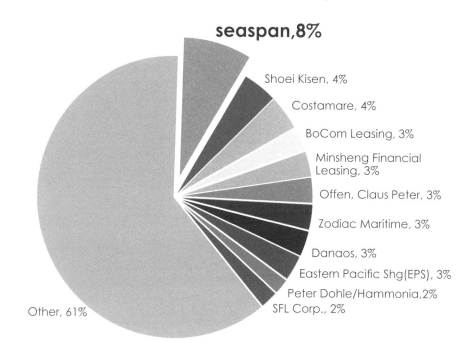

圖 7-9 貨櫃運產業市佔率

資料來源：ATCO 官網，https：//atlascorporation.com/

　　貨櫃船的往來，往往代表全世界的貿易是否順暢。貨櫃船出租公司正是提供貨櫃船的供應商，在我們日常生活中，接近房東的角色，提供貨櫃船航運的公司：陽明、長榮海等貨櫃船公司，船隻載運貨櫃往來。

　　這一個行業的好壞，可以看出全球貿易是否盛行，因此透過研究這一間公司，我們可以理解世界現在的貿易狀況。而全球大多數的貨品都是最重要的工廠——中國生產的，並且中國本身也是全球第二大的市場，因此上海貨櫃的運價，就可以代表全球貿易景氣興衰。

　　當貨櫃船運價上漲，表示全球貿易興盛，反之，當貨櫃船運價下跌，代表全球貿易出了問題。

　　貨櫃船運價恰巧有一個指數可以代表：上海出口集裝箱運價指數。

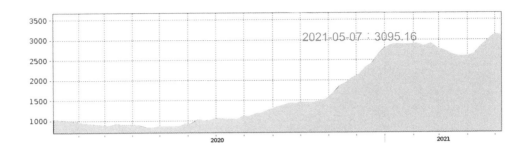

圖 7-10 上海出口集裝箱運價指數

資料來源：上海航運交易所，https：//www.sse.net.cn/

　　當上海出口集裝箱運價指數向上的時候，可以代表世界貿易狀況不錯，也能代表全球景氣不錯。

　　這些上海出口集裝箱運價指數的轉好，也能間接證明殖利率循環進入了復甦期，因此長期來說，走出殖利率循環的衰退期之後，全球市場除了公債之外，都將長線上漲。

　　無論是由上而下，或是由下而上，都能夠交互佐證，隨著各種研究方法、個股、產業、總經的連結，我們能更精準的判斷正確買賣的時間點。

7.4 從個股看總經的好壞（下）：波克夏的啟示

相信只要有投資的人都會知道這一間公司的名字，甚至也知道這間公司的老闆：股神巴菲特。

但是大多數人在聽過股神巴菲特的同時，大家能否再進一步的思考，他為什麼叫做股神？當然他的投資績效一定非常的優秀，並且在投資界能夠屹立不搖，必然有它的道理。

那麼波克夏這一間公司與我們現在要學習的投資有什麼關係？當然有非常重要的關係，我們投資股票最重要的兩門學問：選股、擇時，波克夏提供了一個很好的選股標的給我們。

首先股神為什麼會是股神？筆者在過去的演講中常常跟台下的聽眾分享這個觀點：波克夏開始於 1965 年，當時股價是 10 元，經過 50 多年的時間，請問大家知道現在股價多少錢嗎？答案是：43 萬一股（以 2021 年 5 月 13 日收盤價計算）。

大家都在說我要理財，我要投資，我想要財富自由，請問要怎麼理財？買什麼標的？怎麼做？

其實筆者提供一個想法：大家都知道巴菲特他是股神，那麼在市場上投資股票能比他厲害的應該很少，既然自己亂投資績效慘兮兮，被主力法人當韭菜割，為什麼不買股神巴菲特的公司波克夏（BRKA、BRAB）呢？

股神巴菲特的公司有明確的財報，有世界公認最好的投資能力，並且有一點我們很難做到的事情：通常我們去面試是因為我們需要找工作，有機會能夠碰上公司老闆就算是很難得的。但是股神巴菲特，通常在他想買一間公司的時候，會直接面試老闆，再決定他是否出錢買下這一間公司。能夠直接面試 CEO，這一點不是一般投資人可以做到的。

藉由這一個面試老闆的機會，股神巴菲特更能深入研究公司，加上他本身比大多數投資人還要認真研究財報，根據他過去的自述中提到，他每天都要閱讀 500 頁的財報，這份用功，即使是專業投資人也很難達成。

表 7-1 1965 年至 2020 年波克夏投資表現

Berkshire's Performance vs. the S&P 500

Year	Annual Percentage Change	
	in Per-Share Market Value of Berkshire	in S&P 500 with Dividends Included
1965	49.5	10.0
1966	(3.4)	(11.7)
1967	13.3	30.9
1968	77.8	11.0
1969	19.4	(8.4)
1970	(4.6)	3.9
1971	80.5	14.6
1972	8.1	18.9
1973	(2.5)	(14.8)
1974	(48.7)	(26.4)
1975	2.5	37.2
1976	129.3	23.6
1977	46.8	(7.4)
1978	14.5	6.4
1979	102.5	18.2
1980	32.8	32.3
1981	31.8	(5.0)
1982	38.4	21.4
1983	69.0	22.4
1984	(2.7)	6.1
1985	93.7	31.6
1986	14.2	18.6
1987	4.6	5.1
1988	59.3	16.6
1989	84.6	31.7
1990	(23.1)	(3.1)
1991	35.6	30.5
1992	29.8	7.6
1993	38.9	10.1
1994	25.0	1.3
1995	57.4	37.6
1996	6.2	23.0
1997	34.9	33.4
1998	52.2	28.6
1999	(19.9)	21.0
2000	26.6	(9.1)
2001	6.5	(11.9)
2002	(3.8)	(22.1)
2003	15.8	28.7
2004	4.3	10.9
2005	0.8	4.9
2006	24.1	15.8
2007	28.7	5.5
2008	(31.8)	(37.0)
2009	2.7	26.5
2010	21.4	15.1
2011	(4.7)	2.1
2012	16.8	16.0
2013	32.7	32.4
2014	27.0	13.7
2015	(12.5)	1.4
2016	23.4	12.0
2017	21.9	21.8
2018	2.8	(4.4)
2019	11.0	31.5
2020	2.4	18.4
Compounded Annual Gain – 1965-2020	20.0%	10.2%
Overall Gain – 1964-2020	2,810,526%	23,454%

Note: Data are for calendar years with these exceptions: 1965 and 1966, year ended 9/30; 1967, 15 months ended 12/31.

資料來源：波克夏網站 https：//www.berkshirehathaway.com/

筆者的想法是，如果打不過他，那不如加入他！散戶股票操作的績效，實在很難打敗股神巴菲特，那麼不如我們就買股神巴菲特的公司吧！

筆者是 2013 年投資波克夏的，到目前為止報酬率超過 100%以上，更在 2018 年親自飛去奧瑪哈參與波克夏的股東會，親自見過巴菲特本人。波克夏長期平均報酬率 20%，這數字代表每 4 年資產翻一倍。

當然大家對巴菲特的波克夏最大的疑慮是，萬一巴菲特掛了怎麼辦？

其實巴菲特在過去的談話中，有多次提到一個工具，這是給我們一般投資人很好的啟發，以下為巴菲特推薦 ETF 的歷史紀錄。

巴菲特從不推薦任何股票及基金，但 ETF 例外。

2007：個人投資的最佳選擇就是定期、長期買進 ETF；只要一檔，就能擁有美國所有行業。

2008：如果我是個 30 多歲的上班族，我會把大半儲蓄投入 S&P 500 ETF，然後繼續努力工作。

2013：如果你平均每週能花 6〜8 小時做投資，那麼繼續吧；如果沒有，請買 ETF，它能充分分散你的資產及時間，十分重要的兩件事。

2020：第三季：波克夏公司首次買入 ETF 作為波克夏的持股，以下兩檔 ETF 都是追蹤美國標普 500 指數的 ETF：Voo、Spy。

2021：波克夏股東會：巴菲特他從未建議任何人買波克夏股票，而是建議人們不如買標普 500 指數 ETF。一般投資人買指數基金的績效會比買個股好。他的最好的合夥人查理‧孟格則說，他個人偏好持有整體市場。

筆者恰巧熟悉巴菲特買的兩檔 ETF，也恰巧是波克夏長期對比的標普 500 指數的 ETF，長天期報酬率是 10%，大約 7.5 年資產會翻倍，這對一般上班族來說，已經是一個不錯的報酬率了。

股神給我的重要啟示：當我們投資績效無法超越巴菲特的時候，我們不如買巴菲特的公司，如果您擔心股神年紀太大，那您可以投資他推薦的 ETF。

　　最後巴菲特的公司叫波克夏，其實是一個悲慘的故事，股神也曾被主力當韭菜割了。股神年輕的時候，認為只要股票很便宜就有機會股價比它的價值更低，因此他就不斷地買波克夏的股票，一直買、一直買、一直買，最後巴菲特就變成波克夏的董事長了。

　　股神還給我們年輕投資人一個啟示：不要太過相信自己。

　　因此我們無論知識與經驗都暫時無法超越股神巴菲特的時候，何不做一件事情，聽聽有智慧長者的經驗，投資 ETF 或相信老司機的帶領，投資波克夏。

CHAPTER
第八章
我的投資哲學與資產配置

8.1 恐懼與貪婪指數：我必看的市場心理面指標

　　除了了解美元指數與無風險利率循環之外，是否我們有其他參考可以當作買賣資產的依歸？其實投資這一件事情，除了總體經濟與公司好壞之外，最重要的就是當時市場的氣氛與信心，有一個公式可以說明市場運作的原理。

　　科斯托蘭尼關於長期走勢的觀點：10 年以上的長週期

　　他認為股市長期成長，因為經濟的長期發展（人類的歷史是不斷向前發展與進化的，因此經濟趨勢也必然長期向上發展）。

　　科斯托蘭尼最著名的投資建議，請投資者到藥店買安眠藥吃，然後買下各種績優股（筆者同感認為可以買下，被動投資的指數股票型 ETF），睡上幾年，數年之後醒來，必定最後大吃一驚，因為資產大幅度的增長。

　　科斯托蘭尼關於走勢的觀點：

　　基本面是左右股市長期表現的關鍵。

　　心理面與資金面是股市中期表現的關鍵。

　　股市短期的漲跌有 90% 是受心理因素影響。

　　短期心理面影響股市的例子：

　　2021 年 5 月航運股的暴起與暴落與基本面有關係，基本面的確是變好，但是因為 Covid 19 的因素，讓市場短期間內暴跌，因為人心恐慌了，當恐懼與貪婪的時候是沒有理性的，因此做出暴買與暴賣的行為。

　　以長榮海運的股價來說，一個月內從 60 上漲到近百元（漲幅 50%）。2021 年 5 月 12 日因為傳出疫情的因素，連續三天幾乎跌停（跌幅 30%）。

開盤	78.50	市值	3669.31億	上次收盤價	77.50
最高	79.90	本益比	5.85	52週高點	100.00
最低	69.80	殖利率	-	52週低點	10.35

圖 8-1 股票短期的波動易受心理面影響，如長榮海運在 2021 年初，一個月間經歷暴
　　　漲與暴跌

資料來源：Google

　　股市的中期表現，除了心理因素之外，還有資金的供給。筆者的解讀：
資金的供給除了自己的儲蓄之外，還有政府的印鈔、FED 的寬鬆政策，都能
夠成為股市資金的來源。

　　我們把它簡化成公式：**趨勢＝資金＋心理**

　　科斯托蘭尼認為的資金供給如下：

　　如果投資者有意願購買，也有購買能力，那麼股市的**趨勢**就容易全面攀
升。而投資者為什麼會願意購買？是因為投資者對金融經濟情況的評價是樂
觀的；他們能夠購買，是因為他們手上有多餘的資金，為什麼手上有資金？
因為過去的經濟環境不錯，因此手上才有資金。這就是股市行情上升的主
因。

　　那麼心理面呢？我們可以從哪觀察到心理面的變化？

　　美國十年期公債殖利率＝風險＋避險情緒的消長

　　美元指數=美國的基本面+資金的流向+避險的情緒

　　因此筆者的兩項指標，都可以是資金＋心理的化身

　　除了上面兩種之外，市場氣氛與信心有什麼觀察指標？最好是可以量化

的。

　　筆者提供自己常使用的市場信心指標：恐懼與貪婪指數。

　　這是由 CNN 按照七項指標編制出來的量化指標：

1. 垃圾債券需求（以投資等級公司債平均值的利差表示）：利差越小，市場越貪婪。

2. 市場動量（用 125 日移動平均線與現在指數的離差表示）：正差距越大表示市場越貪婪。

3. 股價強弱指標（用觸擊 52 週高點超過觸擊 52 週低點，並且仍維持高檔的數量）

4. 市場波動度 （用恐慌指數期貨高低來觀察）

5. 市場交易量 （用交易量平均值上行與下行來觀察）

6. 避險需求 （債券與股票報酬率的差）

7. 認購認售權證差 （最近 5 日 Put / Call Ratio 中間差額的比重）

　　最後總合上面所有的分數，我們可以計算出一個區間從 1～100 的參數。

　　1 代表恐懼的極致，100 代表貪婪的極致，這是少數可以量化的指標。25 以下代表極度恐懼，80 以上代表極度貪婪。

　　低於 25 以下，市場處於極度恐懼的時候，通常就是較好的買點。而按照這個指標，每年都有機會出現 1 次 25 以下極度恐懼的時間，也意味著每年都會有個比較好的買點。

　　這個指標對筆者來說，每當恐懼的時候，就要增加風險性資產的持倉，每當貪婪的時候，就要增加避險型資產的比重，這是一個很好用的量化指標。

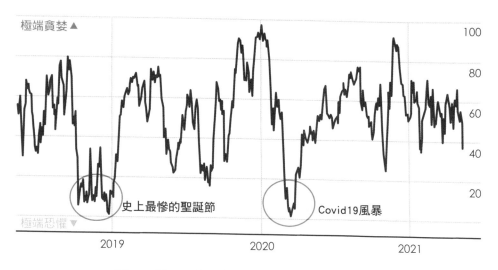

圖 8-2 用 7 項指標衡量的恐懼與貪婪指數指數

資料來源：https://money.cnn.com/data/fear-and-greed/

　　2020 年 3 月，Covid 19 風暴時，恐懼與貪婪指標出現過 1 的歷史極端值（這是指數創立以來的第一次），當時就是最好的買點。當恐懼結束之後，市場迎來了強大的漲幅，直到 2021 年仍持續上漲。

　　更早之前的 2018 年底，新聞斗大的標題：「史上最慘的聖誕節，當時恐懼與貪婪指數來到 10」，也是不錯的買點，隨後 2019 年一整年都在創新高。

　　投資就是不斷地觀察恐懼與貪婪，別人恐懼的時候出手，就是最好的時刻：恐懼與貪婪指數低於 25，或是美國十年期公債殖利率的最高點。

　　巴菲特說得好：「別人恐懼的時候我要貪婪，別人貪婪的時候我要恐懼」。

　　當我們能知道恐懼與貪婪的來臨時刻，這樣我們就能夠買到相對低點，如果能輔以長期持有，那麼我們的報酬率應該可以更向上提升。

8.2 資產配置的原則：覆巢之下無完卵

　　為什麼我們要學習資產配置？筆者在執業過程中大多數碰到的人都是追高殺低的。有一位投資人在 2020 年 2 月的時候問了我一件事情，是否可以把退休金整個都投入特別股這一個資產？

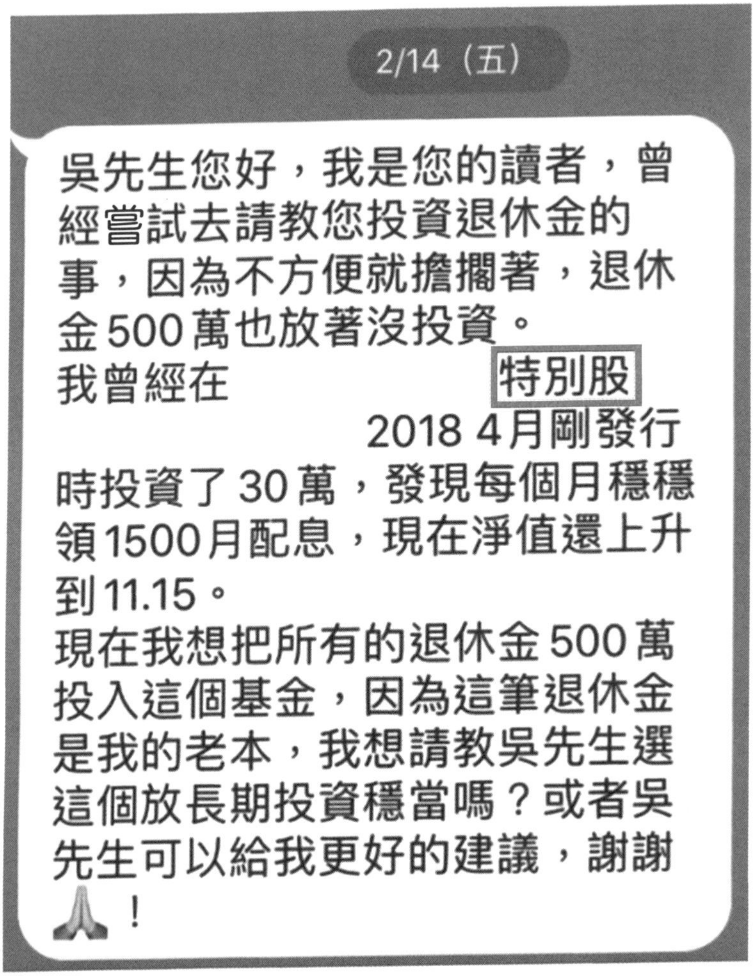

圖 8-3

資料來源：筆者與客戶的 Line 對話截圖

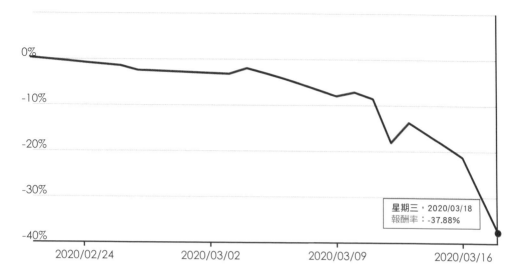

0%
-10%
-20%
-30%
-40%

2020/02/24　　　　2020/03/02　　　　2020/03/09　　　　2020/03/16

星期三，2020/03/18
報酬率：-37.88%

圖 8-4 2020 年 2 月 21 日至 2020 年 3 月 18 日特別股基金走勢

資料來源：https://www.franklin.com.tw/，特別股息收益基金

　　為什麼筆者在第一章要花這麼大的篇幅說明遇到殖利率循環各類型資產的反應與狀況？因為萬一如上面所述，退休金全押了特別股基金，那麼 2020 年 3 月他會遇到什麼狀況？

　　重挫到懷疑人生。

　　每一個資產都有它獨特特性的性質與波動狀態，唯有了解各類型資產面對各種不同總經環境時，它會發生什麼樣子的狀態與波動，我們才能夠知道下一步該如何反應。

　　如同上面的例子，退休族群想押身家在特別股這個資產上面，有經驗的投資人應該一眼就能知道，這不是一個好的退休規劃。

　　原因是：

· 他過度重押單一資產。

· 特別股是股票，風險程度不輸股票，退休族群應該部位要受到限制。

· 退休族群適合的是波動較小、較穩健的，並且要在金融風暴時，能不受重挫。

那我們如何透過投資的專業打造上面的投資組合，並且完成我們想要的資產樣態？

筆者過去也做了不少高齡族群的退休規劃，當時是 2019 年，其中一位是教會的姐妹，她說賣了一間房子，剛好手頭上有 600 萬的資產可以投資，但是她年紀大了，並且心臟不太好，不太能夠承擔波動。

於是我問了她，如果初期這個投資標的一年只能產生出 2.5%的利率，但是這個資產很穩健，遇到金融風暴時它能不下跌，反而是上漲的，等到金融風暴時，我們賣掉這個資產，再來在金融風暴的低點，打造您的退休組合可以嗎？

姐妹問：那要等多久？ 我答：最長大約 3 年，這 3 年我們要忍受較低的利率以及沒有市場上漲的痛苦，但是我們遇到市場下跌時，也不會受傷。

姐妹仔細思考了一下，決定完全交給我來規劃。我們都是基督徒，因此他完全的信任我。

最後在 2021 年 4 月 6 日，我們的成果如下：

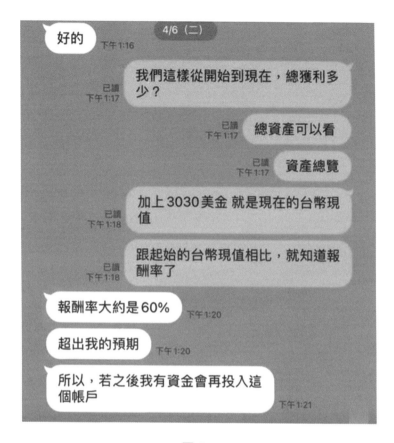

圖 8-5

資料來源：筆者與客戶的 Line 對話截圖

　　這在筆者的規劃中，是出乎意料的超強成果，並且投資報酬率也遠勝過我本人的投資組合。2020 年 3 月筆者股票持倉仍有 75%，因此下跌的時候沒有完全避開，但是因為 25%的公債在 2020 年 3 月 10 日賣出之後，被我逐步買入股票，因此整體資產股經過 2020 年 3 月至 2021 年 4 月這一段時間的大多頭，除了回復往日水準之下，還賺了 30%以上。

而筆者與傳統資產配置者不同的地方在於，筆者因為研究過無風險利率循環各資產的表現，因此筆者將資產配置加上無風險利率循環的知識，找出各個時期報酬率最佳的商品做投資。

例如 2020 年 3 月之後，按照無風險利率循環復甦期，當時公債負報酬率的機率是 100%，那麼我就不會把資金投入在公債這個資產類別，而這個時候股票、特別股、高收益債、投資等級債勝率幾乎是 100%，因此我在賣出公債之後，全數投入上述風險性資產中，並且依照年齡、風險承受能力做出配置。

例如上面的退休族群，我就請他們 50%配置投資等級債（市政債平均信評 A），50%配置在股票（大盤 ETF）成長中，又帶有穩健。在 2021 年 4 月，我們就開始慢慢獲利了結股票，空出來的資金就去買公債做避險。

現在退休族群的各資產比例：投資等級債 40%、股票 50%、公債 10%（整體資產相較於 2020 年 3 月初步配置時成長了 25%，從原本的 1,000 萬元，成長到 1,250 萬元）。

這才是一個有效益的資產配置，而不是像傳統資產配置者 7：3 或 6：4 死死的配置，而在買公債必下跌的時候，還去買公債配置，名為資產配置與避險，實際上風險超高，不但沒有避險的效果，反而下跌的機率是 100%，風險極高。

因此正確的資產配置是，在對的時間做正確的資產配置，而不是不管環境如何，就用同樣一套理論、同樣的方法面對多變的市場。

為什麼筆者有這樣的把握？因為美國十年期公債殖利率的變化，就是市場各類型商品的定價基礎。定價基礎的定義在於市場各類型商品的價格，會因為定價基礎的改變而改變。

例如：鼎泰豐小籠包，大家在評論小籠包好不好吃、CP 值高不高、環境用料好不好，都是用鼎泰豐當成標竿。鼎泰豐就是小籠包界的定價基礎。

因此我們只要能夠理解，並且有高機率能夠預測美國十年期公債殖利率的走向的時候，我們也能夠比較清楚的預測未來各類型資產的走勢與方向，進而做出有效率而且有效益的資產配置，不是呆呆地在該資產必然下跌風險很高的時候，仍是堅持做配置，這樣反而降低了配置的效果（即使是避險型的美國公債也會有劇烈的波動）。

　　有智慧、有紀律、有方法的做資產配置，才是本書的目的。投資不是一個簡單的事情，必須多方思考與洞燭機先。

　　孫子兵法：「地形有通者、有掛者、有支者、有隘者、有險者、有遠者。我可以往，彼可以來，曰通。通形者，先居高陽，利糧道，以戰則利。可以往，難以返，曰掛。掛形者，敵無備，出而勝之，敵若有備，出而不勝，難以返，不利。我出而不利，彼出而不利，曰支。支形者，敵雖利我，我無出也，引而去之，令敵半出而擊之利。隘形者，我先居之，必盈之以待敵。若敵先居之，盈而勿從，不盈而從之。險形者，我先居之，必居高陽以待敵；若敵先居之，引而去之，勿從也。遠形者，勢均難以挑戰，戰而不利。凡此六者，地之道也，將之至任，不可不察也。」

　　我們理解各種地形，理解各種應變措施，才能在適合的環境、適合的時間戰勝敵人，而了解各種資產的習性與特色，並且搭配正確的時間，這樣才是正確的資產配置，也才能讓我們有限的資金做出最適當的分配。

8.3 美元與無風險利率循環的配置原則

無風險利率循環：讓我決定買什麼資產類別的商品。

美元的強弱：讓我決定新興市場（台股）配置比例的多寡。

實務上筆者又是怎麼操作的呢？

筆者大多數的時候是不留現金的，多數時間都是 100%持倉。

這個操作有優點與缺點，優點是上漲的時候，可以完全跟上市場的漲幅，報酬率比低度使用資金的人高；缺點是因為 100%持倉下跌的時候，也會讓資產順勢波動，下跌幅度也無法避開。

在技術面操作者的眼中，這樣的操作模式是有點傻，完全承擔市場上沖下洗的波動，因此筆者針對上沖下洗的波動做了防範。

我們都知道新興市場的波動幅度是比較大的，因為波動來的時候向上是股、匯、債三漲，波動向下的時候是股、匯、債三跌，因此新興市場對筆者來說，這是波動極大的資產類別，筆者透過資產比例去限制它。筆者認為新興市場的投資，最高就是佔整體比重不超過 20%（台股也是屬於新興市場的一員，台股也是波動極大的資產之一）。

過去的研究中，台股的長天期報酬率與美股的長天期報酬率相差不遠，但是遇到極端狀況的時候，台股的下跌幅度是遠超過美股的。

2008 年金融海嘯的時候，美股大型股最大下跌幅度大約 50%，但是台股加權指數下跌最深將近 60%。

因此以整體資產的波動度考量之下，新興市場無論股票或債券的佔比，筆者都建議不要超過 20%為原則。

甚至當美元走多頭的時候，應該要出清新興市場的股債，因為美元走多的時候，會讓新興市場承受壓力，美元多頭反之就會造成新興市場貨幣下

跌，新興市場的貨幣與股市的相關係數都在 0.5 左右。也就是說，當美元走多的時候，新興市場的股市、債市、匯市很容易因為資金外流，而造成上漲不易。因此逆風的時候，我們要儘量壓低身形，降低迎風面積，這樣我們才能比較省力的向前進。

孫子兵法：「故善戰者，其勢險，其節短。」

因此，透過我們對趨勢的了解與金融知識的進步，我們能基本的判斷美元的趨勢與殖利率循環所在的位置，我們就能成為一個善戰者，順勢而為，然後遇到逆勢的時候，就避開逆風。雖然扭轉乾坤是一件很痛快的事情，但實務上很少人有這種財力以及家底可以經得起這樣的消耗，不斷地向下加碼，直到標地物止跌上漲為止，但有更大的機率是標的物永遠不會回到原價，例如：1,300 元的宏達電，3 元台幣兌 1 蘭德的南非幣。

因此筆者建議是順勢而行，在逆勢的時候降低一些部位，等待順風的時候再順風而行。

那筆者為什麼總是讓自己的持倉接近 100%？逆勢的時候不清空持股？科斯托蘭尼有句名言：「下坡時肩膀上沒有麥子的人，上坡的時候也不會有。」這在筆者的生涯中有著決定性的影響，2020 年 3 月筆者見到很多空手的投資者，幾乎完全避開了這一段的下跌，隨著無風險利率循環轉換到復甦期，即使 2020 年 4 月整個初領失業救濟金的人數已經開始大幅度下滑，基本面已經有反轉的跡象了，他們也毫無所動。

因為這些投資人心中想的是低之外，還有更低，至於什麼時候他們會出手？當他們認為基本面穩定，消息面也確定之後。但這些投資人都忘記了，股市是先行指標，等所有基本面都確定，數字也回溫之後，市場早就上揚了一段時間了，最後筆者就看著這些投資人空手了一年之後，2021 年年終於忍不住進場了，因為他們告訴我，數字整個都好轉了，因此他們認為市場會開始長線上漲。

筆者只淡淡的跟他們說，當無風險利率循環進入到復甦期的後期，因為通膨的因素，市場會進入大幅度的波動與調整；因為殖利率上升，會讓很多機構法人開始調整部位，因應新的美國十年期公債殖利率。

另外，筆者在市場上認識一位前輩，他是豬肉貿易商，他的發跡是在當年口蹄疫最嚴重的時候，當時豬肉價格崩盤，價格便宜，但是因為消息滿天飛，導致即使價格便宜也沒人敢買豬肉，銷量非常慘澹，他就在那個當口大量借貸，蓋倉庫、蓋冰庫，把當時市場上的豬肉收購，並且冷凍。當時反對者眾多，都不認為這一件事情是好事，但隨著口蹄疫的疫情好轉，豬肉價格開始上漲，市場上要豬肉，但是因為當時的養豬戶瞬間少了三分之一，供給不足，因此這位前輩就趁著這一波上漲，把庫存的豬肉慢慢的賣到市場上，大賺了一筆。

只有長期在市場的人，才能夠對細微的改變有深刻的體悟，並且在正確的時間即時的做出正確的決策。市場下跌 10%？在 2018 年常常有市場從高點回落的事件，因為市場不斷的告訴我們中美貿易戰的訊息，但是當時無風險利率循環是來到了成熟期，成熟期因為資金集中的關係，央行緊縮的關係，市場會強弱分明，因此筆者在 2018 年 2 月當時市場三天大跌千點時加碼，2018 年 7 月中美貿易戰時加碼，2018 年 12 月史上最慘的聖誕節依然加碼，最後迎來 2019 年的全面大漲，並且華麗的將部位慢慢轉換到公債，這些佈局都是過去發生過的事情，市場會不斷的恐嚇你、驚嚇你，讓你離開市場，但能夠堅持到底的人，才有可能是獲勝者。

8.4 槓桿的原則

2021 年 5 月，台灣因為疫情的擴散的因素，造成了史上最大的下跌點數，並且連續數日造成台股巨量的下跌，很多做當沖的、做融資的，淹沒在這一次的巨幅震盪中。

過去台股的歷史經驗（回測 20 年以上），一年的一倍標準差是 20%，在統計學的原理中，一年上下波動 20%的機率是 68%，也就是說我們很有可能在一年內遇到下跌超過 20%的機率是 16%，如果放得更寬一點，台股在兩倍標準差的之間移動的機率有 95%，反過來說，一年之中遇到下跌 40%的機率是 2.5%。

實際上，我們一年之中下跌 20%以上，在過去五年中，2015 年 8 月、2018 年 12 月、2020 年 3 月，這三年都遇到過這樣的情況，最近的一次就是 2021 年 5 月。

當我們了解上述的數字之後，我們來談談道理，當沖是什麼行為？

當沖是投機的行為，只在乎當日的波動。當沖就是今日做出買與賣的動作，通常是先買後賣。最擔心的就是遇到無法沖銷的情況，因為股價跌停，買了之後無法賣出。例如 2021 年 5 月的航運股，陽明、長榮連續四天的跌停板，讓原本買進之後當天要賣出的當沖客，因為跌停的關係無法賣出股票，被迫要承接股票。但是這些當沖客並沒有現金可以交割股票，只能違約交割。而這些當沖客會死在浪潮下，是因為台灣交易所的漏洞，即使沒有購買力，帳戶沒有足夠的金錢，也一樣可以先買股票，並且三天後交割，即使是一般客戶，通常也能獲得當日買進股票 499 萬元的基本額度。

而這次筆者就看到，銀行帳戶不到 30 萬元的大學生，因為購買力有 499 萬，因此在這次風暴中買入了大量的股票，但是當天股票跌停鎖死，無法賣出股票，需要交割百萬的額度，而這大學生根本沒有交割股票的能力。

筆者認為，這樣的交割制度是害死這些投資當沖客的主因，只是我們的主管機關不去修正這樣的制度，讓沒有購買力的投資人面臨違約的問題，並且證券商面臨違約交割的風險，最後證券商丟給營業員。

因為這樣落後的交割制度讓這些沒錢的當沖客，每逢市場產生大波動，就會跳樓一批投機者，除了投機者的問題之外，制度更是有問題而不改，用石器時代的法規規定現在詭譎的多變的金融情勢。

除了當沖遇到大回檔會崩潰之外，還有另外一種情形，面對大波動的時候也會一次畢業，那就是融資做高度槓桿。

何謂融資？簡單來說，就是券商借投資人資金買股票，比例按照上市或上櫃而有不同。目前可融資的成數是「上市六成、上櫃五成」。也就是說，融資買上市股票，自備款四成，另外券商借給投資人六成得以買進股票，是2.5倍槓桿。

融資買上櫃股票，要自備五成資金，另外券商借給投資人五成買進，是2倍槓桿。

只要是年滿20歲、開戶滿3個月，並且最近一年有交易超過10筆，總金額超過20萬元的投資人，都可以開啟融資這個功能，最基本的額度有50萬元，隨著信用與股票的庫存，最高可以達到8,000萬元。

但從上面融資的數據可以知道，實際上我們買上市公司的股票1,000萬元，實際上我銀行帳戶只需要有400萬元就可以了。如果買進的標的連續跌停3天，假設我們買在最高點花了1,000萬元買股票，現在股票市值只有700萬元，這時候券商會啟動自我保護機制，叫做融資追繳，告訴投資人說請多匯一些錢進入融資帳戶，不然券商會強制賣出股票作清算，股票清算用大家熟知的名詞解釋就叫融資斷頭。

如上面的例子，實際投資人只有400萬元，但是最後買了1,000萬元的股票，強制斷頭時只有700萬元的市值，虧損了300萬，而根據交易制度，這300萬元完全由投資人承擔，等於光是這幾天融資買進股票，遇到市場崩盤，短短3個交易日就虧損300萬元，是本金的75%。

槓桿是兩面刃，當方向正確的時候，它會讓我們的獲利戰果更為豐碩，但是一旦人心啟動了貪婪的機制，那麼通常的結果就是崩毀，2000年的科技

泡沫、2008 年的金融海嘯，最近讓整個中國科技股崩盤的 Bill Hwang，2008 年造成法國興業銀行重大虧損的馬克宏，都是敗在高度槓桿的操作。一旦失利的，就是連本帶利得一次輸光，這樣的操作模式就會如市場上的名言：「總有一天等到你」。

因此筆者良心的建議：

· 不要做無本金當沖，這本身是高風險交易，隨時都有機會抬出去。

· 不要做高度槓桿投資，例如融資買股票就等於高度槓桿。

因為無本金當沖與高度槓桿融資，都是貪婪的表現，貪婪本身沒有問題，但是貪婪會讓自己的風險越來越高，直到有一天承受不住為止。

那筆者也會做槓桿嗎？答案是會的。

筆者在 2019 年做過微幅度的槓桿，當時筆者的持倉是百萬美元，筆者微幅融資了 20 萬美元買入了美國三十年期公債，美國三十年期公債當時的殖利率是 3%，融資的利息當時不到 1%，並且當時因為買進這個公債之後，筆者的淨多單部位從原本的 100%降低到了 80%，公債本身與股票是反向的關係，實際上筆者沒有冒更大的風險，還降低了整體投資組合的波動度，並且還款的利息來源是美國公債，更沒有違約的風險。

筆者建議，只有在經過仔細衡量風險與報酬，還有考慮過整個投資組合的波動度還有還款能力之下，才可以做槓桿投資，不然槓桿投資都是風險相當高的做法。

市場的名言：「憑實力賺來的，會憑實力輸回去」。

台股這一波造就了很多的學生股神，希望這些學生股神在這次的浪潮過後，仍能持續存活在這個市場上，光是勇敢是不夠的，還需要加上紀律、智慧、運氣。我們不斷的學習殖利率循環、美元指數的趨勢，就是期待讓我們能透過歷史的經驗來增益我們的智慧，讓我們能在這個詭譎的市場，持續獲利。

總結

　　為什麼投資很難教？也很難學？過去筆者曾經是圍棋老師，圍棋已經是所有棋類遊戲中變化最繁複、最困難的一種遊戲，但是它的範圍侷限在19×19，總共 361 個點位上。並且根據這些點位，圍棋已經有一些固定的下法，稱為定石。這是經過千年來演化出來，敵我雙方不分上下的下法，有一些固定的套路了。

　　而金融環境隨時在變化，產品也推陳出新，原本避險的工具只有期貨，後來衍生出選擇權以及各種結構型商品，它的範圍越來越廣，需要關注的重點也從原本的點變成立體的變化，需要財務工程才能解析。

　　再者，市場上充滿著各式各樣的訊息，這些訊息半真半假，讓人無從判斷。

　　假如市場上都是假消息，那我們只需要全面的負面解讀就可以獲得100%的勝率。反之，如果市場上都是真的消息，那我們只需要全面的正面解讀，也同樣可以獲得 100%的勝率。真正困難的是，當市場上真消息與假消息各半的時候，我們無論正面解讀或負面解釋，勝率也都是 50%的時候，我們會無法知道到底是我們解讀是正確，還是純碎是運氣好而已。

　　然而在這麼繁複的金融市場中，仍是有些準則存在的：

· 所有真假消息最終的目的只有一個：賺錢

· 所有假消息的目的也只有一個：讓他賺錢 （有利於放消息人的利益）

· 所有真消息的目的也只有一個：讓更多人一起推動，並且賺錢

　　因此經過這些推敲之後，筆者整理出一套思維提供給大家當作基準。

為什麼公債下跌的時候，股票容易上漲？相關係數是-0.89？

我們就用職場的角度思考這一件事情：什麼時候擁有鐵飯碗的公務人員會放棄固定薪資的公職，而去投入另外一個職場？

如果另外一個職場沒有帶來更大的價值，一般人是不會離職的，因此另外一個職場經過衡量之後，必然有更大的價值，不然放棄鐵飯碗是不合理的選擇。

什麼樣的利益會讓專業的法人與大戶願意放棄鐵飯碗的公債，而跑去買股票？必然是因為他們經過衡量，認為股票有更大的機會，並且經過計算與衡量，他們認為獲利的效益會比鐵飯碗般的公債更好。因此專業的法人與大戶資金引動市場開始變化，現在我們在歷史的相關性回測中，才能得到股票與公債的相關係數為-0.89這個數字。

它的原始根源就來自於「利益」這兩個字。

商君書中曾經提到：利出一孔。

原本這一句話是用來治國的政治哲學，不過借用這句話來觀察金融現象，是一個很準確的思維。因為金融最終的目的就是求利，無論它是用什麼面向、什麼方法、什麼角度，最終都是求利，只需要從利益的角度往上發展，必然就能知道目的為何。

因此在解讀金融現象上面，從利益的角度出發，通常就會找到正確的答案。

例如，筆者過去演講中常常分享的案例，我們都知道日本經過失落的二十年，但是大家知道，當年日本首次實施負利率的當下，有一個產品賣爆了，大家知道是什麼嗎？答案很簡單，就是保險箱。

為什麼是保險箱？因為把錢放銀行要被扣管理費，還要承擔負利率，因此腦筋動得快的有錢人寧願把錢放家裡面，也不要放銀行，因此就造成保險箱的熱賣。因為把錢放在家裡面比放在銀行更有「利益」。

因此古有一句話：「殺頭的生意有人做，賠錢的生意沒人做。」利益，就是金融市場的真理，從利益的角度去思考金融現象，就不會失真。

但是求取利益的路上需要有方法、有準則，就像是一個長途的登山活動，事前我們需要準備充分，例如地圖、GPS 定位器、緊急電話、衣物、食物、緊急預備包、留守制度等面面俱到之後，上山才安全，才能夠順利地達成目標。

投資也一樣，事前就需要充分準備，基本面、技術面、總經面最好都能夠面面俱到，而本書提供大家一個最基礎的知識與觀點，讓我們在投資的路上不會迷路、不會走偏。

隨著我們的經驗越來越豐富，思考的深度越來越高，我們自然而然累積了足夠的經驗，變成有經驗的投資者。經驗可以帶給我們什麼？

《韓非子・說林上》：「管仲、隰朋從於桓公伐孤竹，春往冬反，迷惑失道。管仲曰：老馬之智可用也。乃放老馬而隨之，遂得道。」

經驗就如同識途的老馬，讓我們即使迷路了，順著過去經驗的累計，我們一樣可以回到正軌。

生也無涯、知也無涯，期待本書提供投資人更多的想法與認識。

台灣廣廈 國際出版集團
Taiwan Mansion International Group

國家圖書館出版品預行編目（CIP）資料

美國公債‧美元教會我投資的事：2個指標主宰全球景氣循環，
抓住超前佈署關鍵！搭上最強資金潮流，國際認證理財顧問賺
30倍的理財分享 / 吳盛富著，
-- 初版 . -- 新北市 : 財經傳訊, 2021.07
　面；　公分 . -- (view;44)
ISBN 9789860619416（平裝）
1. 股票投資 2. 投資技術 3. 投資理財

563.5　　　　　　　　　　　　　　　　　110007396

財經傳訊
TIME & MONEY

美國公債‧美元教會我投資的事：

2個指標主宰全球景氣循環，抓住超前佈署關鍵！搭上最強資金潮流，國際認證理財顧問賺30倍的理財分享

作　　　者／吳盛富	編輯中心／第五編輯室
	編 輯 長／方宗廉
	封面設計／十六設計有限公司
	製版‧印刷‧裝訂／東豪‧弼聖‧秉成

行企研發中心總監／陳冠蒨　　線上學習中心總監／陳冠蒨
媒體公關組／陳柔彣　　　　　數位營運組／顏佑婷
綜合業務組／何欣穎　　　　　企製開發組／江季珊、張哲剛

發 行 人／江媛珍
法 律 顧 問／第一國際法律事務所 余淑杏律師‧北辰著作權事務所 蕭雄淋律師
出　　　版／台灣廣廈有聲圖書有限公司
　　　　　　地址：新北市235中和區中山路二段359巷7號2樓
　　　　　　電話：（886）2-2225-5777‧傳真：（886）2-2225-8052

代理印務‧全球總經銷／知遠文化事業有限公司
　　　　　　地址：新北市222深坑區北深路三段155巷25號5樓
　　　　　　電話：（886）2-2664-8800‧傳真：（886）2-2664-8801
郵 政 劃 撥／劃撥帳號：18836722
　　　　　　劃撥戶名：知遠文化事業有限公司（※ 單次購書金額未達1000元，請另付70元郵資。）

■ 出版日期：2021年7月　　　■ 初版8刷：2024年1月
ISBN：9789860619416